KB037729

중학생을 위한
대입준비
입시코칭

2025학년도

고등학교 1학년부터 입시를 뒤흔들 고교학점제가 새롭게 시행됩니다!

중학생을 위한
대입준비 입시코칭

2025학년도 고교학점제 완벽준비

현직교사&강남인강 강사 **김상근** 지음

푸른e미디어

대입준비는
중학생 때부터
시작해야 합니다

2025학년도 고등학교 1학년부터 고교학점제라는 새로운 제도가 시행됩니다. 이전에도 교육과정의 변화는 많이 있었습니다. 하지만, 2022개정교육과정으로 대표되는 고교학점제는 기존의 모든 입시 체계를 송두리째 변화시키는 역할을 하게 됩니다.

그동안 우리나라 대학입시는 대입공정화정책 아래에서 학생부 위주의 전형보다는 수능 위주의 전형으로 변화를 보였습니다. 학생부종합전형의 확대로 인해서 변화하던 학교와 수업은 다시 수능과 내신 위주의 대입에서 성과를 내기 위해서 과거로 회귀를 했습니다. 학생부 평가라는 정성적평가 영역이 줄어들고 숫자로 대표되는 내신과 수능이라는 정량적평가 영역은 확장해 왔습니다. 많은 학생들이 자신의 적성과 종합적 역량보다는 문제풀이 결과로 나오는 내신과 수능 점수 위주로 대학과 학과를 정하고 이에 걸맞은 전략과 전술을 구사하고자 노력했습니다.

하지만, 2025학년도 고1부터는 이러한 분위기는 완전히 반전됩니다. 내신은 5등급 상대평가로 바뀌며 수능 역시 시험 범위와 학습량이 대폭 줄어들게 됩니다. 모든 교과가 학기제로 바뀌게 되며 학생들에게는 과목 선택 확대라는 선택지가 제시됩니다. 이러한 변화는 결국 그동안 대학입시를 지배해 오던 숫자의 강력한 아성에 균열을 낼 수밖에 없고, 글자로 대표되는 학생부의 영향력은 다시 그 전성기를 회복하게 되는 계기가 될 수 있습니다. 학생부에 기재되는 교과세특의 양은 기존보다 2배 정도 가량 확대가 되며 내신의 변별력은 줄어들게 됩니다. 지금도 강력한 위력을 보이는 과목 선택 역시 그 위상을 유지하게 됩니다. 이러한 변화는 결국 기존의 대입 성공 공식의 변화를 가져오게 됩니다.

현재 중학생들은 기존의 대입 전략대로 수능선행 위주로 고등학교를 대비하고 있습니다. 이런 선행의 효과가 완전히 사라지지는 않겠지만, 이제는 방향 전환이 필요할 때입니다. 대입은 살아있는 생물이라고 합니다. 트렌드가 존재하며, 성공하기 위한 전략과 전술 역시 제도의 변화에 따라 바뀌어야 성공을 할 수 있습니다.

다년간의 입시지도와 트렌드 분석으로 탄생한 이 책에는 고교학점제라는 엄청난 풍파 속에서 성공하기 위한 여러 가지 솔루션(solution)을 제시하고 있습니다. 중학생과 학부모들은 급변하는 환경에서 후회없는 대입 준비에 임할 수 있으리라 확신합니다.

상티 smart 상근쌤

차례

chapter 2 │ 2028대입전형의 이해

chapter 3 │ 중학생이 해야 할 학습편

chapter 6 │ 수시 vs 정시 그것이 문제로다

chapter 7 | 과목 선택의 중요성! 어떻게 선택하나

chapter 8 | 탐구활동, 어떻게 해야 하나

chapter 9 | 교과세특과 창체활동 구성

chapter 10 | 고등학교 선택 어떻게 해야 하나

부록 | 입시 용어 및 각종 양식

chapter **1**

고교학점제
-2022개정교육과정

고교학점제 핵심 포인트!

- 내신 5등급 상대평가
- 사회과학융합선택 9개 과목 절대평가
- 학년제에서 학기제 운영
- 최소성취보장(2/3 출석+성취율 40% 이상)
- 창체활동(자율자치/동아리/진로)
- 표준편차 삭제
- 서·논술형평가 확대

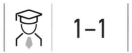

고교학점제와
2022개정교육과정

고교학점제란 무엇인가

2025년에 입학하는 고1학생들은 '고교학점제'라는 시스템 속에서 고등학교 생활을 맞이하게 됩니다. 이 '고교학점제'가 무엇이고 어떤 영향을 끼치기에 수년 동안 중학생 학부모의 마음을 뒤흔들고 있을까요?

교육부에서 발간한 자료를 보면 고교학점제를 다음과 같이 정의하고 있습니다.

> 기초소양, 기본학력을 바탕으로 진로적성에 따라 과목을 선택하여 이수하고, 이수 기준에 도달한 과목에 대해 학점을 취득/누적(192학점)하여 졸업하는 제도

별거 없죠? 고교학점제는 그동안 학교 운영의 기본이 되는 시스템과

큰 차이점은 없습니다. 다만 그전 시스템의 경우 고등학교 졸업 자격을 출석(2/3출석)에만 둔 반면에 고교학점제는 과목 이수 조건(성취도 40% 미만 미이수 처리)를 둔 것이 차이점이라고 할 수 있습니다.

2022개정교육과정

고교학점제는 2022개정교육과정을 바탕으로 실시됩니다. 교육과정은 학생의 교육계획을 구체적으로 만들어 놓은 제도입니다. 몇 년을 기간을 두고 교육과정은 개정되어 왔습니다. 특히 이번 2022개정교육과정은 21세기 AI가 주도하는 세계에 어울리는 인재를 키우기 위한 내용들을 담고 있습니다.

이번 2022개정교육과정의 특징을 요약해 보자면 다음과 같습니다.

- 2025학년도 고1부터 적용
- 2015개정교육과정과는 다른 내신성적 체계
- 과목의 구성과 선택 과정의 변화
- 학생 개인별 시간표 작성과 공강
- 최소성취보장

이렇게 5개의 큰 특징을 보여주고 있습니다.

2022개정교육과정의 영향을 받는 시점은 2025학년도 입학생부터입니다. 즉 2025년에 입학하는 고1부터 이 교육과정이 적용됩니다. 나중에 설명하게 될 5등급 상대평가(일부 과목은 절대평가)의 내신 체계를 가지고 평가를 받게 됩니다.

　2025학년도 고2와 고3학생들은 이전 교육과정인 2015개정교육과정으로 학교를 다니게 됩니다.

이전과는 전혀 다른 시스템

이전과는 다른 성적 체계

2015개정교육과정은 공통과목과 일반선택과목은 9등급 상대평가가 적용되고, 진로선택과 전문교과의 경우 절대평가(성취평가)가 적용됩니다. 하지만, 2022개정교육과정에서의 평가는 **일부 과목을 제외한 모든 과목은 5등급 상대평가**가 적용됩니다. 다른 내신성적 체계가 적용되므로 대학 입학전형에도 큰 변화를 예고하고 있습니다. 또한 이에 따른 고등학교 종류별 유불리가 발생하며 대학입시전략 구성에도 큰 변화가 있으리라 생각합니다. 성적 변화에 대한 이야기는 나중에 자세하게 설명하도록 하겠습니다.

과목의 구성과 선택 과정의 변화

2022개정교육과정의 과목 구성을 보면 기존의 과목의 내용들이 쪼개

져서 세부과목으로 나뉜 것이 눈에 띕니다. 특히 **사회·과학 탐구과목**의 경우가 두드러집니다. 예를 들어 〈물리학II〉가 각각 〈역학과 에너지〉와 〈전자기와 양자〉 과목으로 나뉘게 됩니다. 이렇게 나뉘게 된 이유는 학생들의 학습 부담을 완화시켜 주겠다는 이유와 과목의 이수를 〈학년〉이 아닌 〈학기〉로 기준으로 두면서입니다.

보통 1년 단위로 과목을 구성한 2015개정교육과정과는 달리 2022개정교육과정은 〈학기〉를 기준으로 과목을 구성합니다. 따라서 2022개정교육과정은 1학기에 배울 수 있도록 과목의 내용을 구성해서 기존 2015개정교육과정보다 많은 과목을 가지게 됩니다. 이러한 과목의 세부화는 학생들의 선택의 폭을 늘려주는 효과를 주기도 합니다. 이는 2022개정교육과정 아래에서 **과목 선택의 중요성은 이전보다 더욱 커진다**는 것을 의미합니다. 여기에 일부 과목들의 명칭 또한 이전과는 많은 변화를 보이므로 과목명과 각 과목에서 배우는 내용을 정확하게 숙지할 필요가 커집니다.

학생 개인별 시간표 작성과 공감

학생이 선택해야 할 과목이 많아진다는 것은 **시간표 작성이 보다 복잡해짐**을 의미합니다. 기존에는 반별로 시간표가 정해졌습니다. 2015개정교육과정에서도 학생들의 과목 선택이 이전보다 다양해졌고 다양한 이동수업이 이루어졌습니다. 2022개정교육과정에서는 과목의 선택권이 더욱 확대되어 고2가 되었을 때 학생 개인별 시간표 작성이 필요하게 됩니다. 물론 대학생 수준의 개인별 시간표 수준은 아니더라도 이전과는 비교할 수 없을 만큼 다양한 시간표가 나올 수밖에 없는 환경이 만들어지게 됩니다.

또한 이로 인해서 **개인별 〈공강〉이 생기게 됩니다.** 지금도 고1, 고2학생들은 〈공강〉 시간이 존재하지만, 이는 반별로 일정하게 부여되고 있습니다. 하지만 2022개정교육과정에서는 학생별로 〈공강〉이 발생하게 됩니다. 대학생들의 공강은 시간과 공간적인 측면에서 일종의 자유시간 개념이지만, 고등학교에서의 공강 시간은 그렇지 않습니다. 학교는 **〈홈베이스〉라는 공간을 만들어서 학생들이 그곳에서 공강 시간을 활용하도록** 되어 있습니다. 이 〈홈베이스〉는 학교 별로 도서관이 될 수도 있고, 별도의 교실을 활용할 수도 있습니다. 특별한 프로그램을 운영할 수도 있지만, **대부분의 〈공강〉은 학생들의 자율학습 시간으로 사용**될 가능성이 높습니다.

최소성취보장

고교학점제에서는 학생이 선택한 과목을 이수하기 위한 조건으로 해당 과목의 '최소성취수준'에 도달해야 합니다. 조건은 다음과 같습니다.

- 과목 출석률 2/3 이상
- 학업 성취율 40% 이상

이 두 가지 조건을 충족해야만 해당 과목을 이수한 것으로 인정받게 됩니다.

다음 표에서처럼 **성취율 40% 미만이 되면 성취도를 'I'를 받게 되고 해**

성취율	성취도
90% 이상	A
80% 이상 90% 미만	B
70% 이상 80% 미만	C
60% 이상 70% 미만	D
40% 이상 60% 미만	E
40% 미만	I

이수

미이수

당 과목은 미이수 처리됩니다. 그렇다면 만약 학생이 특정 과목의 성취율이 40%가 되지 못해서 미이수하게 된다면 어떤 과정을 거쳐야 할까요? 해당 학생은 학교에서 정한 **보충지도 대상이 되며 방과후 혹은 방학 중 보충지도 프로그램에 참여**해야 합니다. 참여해서 보충지도 프로그램을 이수하게 된다면 그 과목의 성취도 E를 받게 되며 **만약 참여하지 않으면 여**전히 해당 과목은 미이수가 되며 **졸업 전까지 192학점을 이수하지 못하게 되면 졸업을 하지 못하게 됩니다.**

하지만 실제로 최소성취수준에 도달하지 못해서 특정 과목이 미이수 처리되어 졸업하지 못하는 경우가 발생할 가능성은 거의 없다고 생각합니다. 학교마다 가급적 모든 학생들의 성취도가 **40% 이상 나오도록 시험문제나 수행평가를 조절할 것**이라 생각되며, 미이수가 되더라도 가급적 보충지도 프로그램에 참여하도록 할 가능성이 높기 때문입니다. 과목

출석률 미달 혹은 성취도 미달로 인해 졸업을 하지 못하게 되는 학생의 경우 졸업유예보다는 학교 자퇴를 선택할 수도 있지만 현실적으로 **과목 미이수로 인한 졸업유예가 단위학교에서 발생할 가능성은 낮다**고 할 수 있습니다.

교육과정 개편

선택의 폭이 넓어지는 교육과정

2022개정교육과정과 이전 2015개정교육과정은 교육과정에 있어서는 그리 큰 차이를 보이지 않습니다. 과목명의 변경과 선택과목의 확대라는 변화를 주었지만, 학생들이 느끼는 체감지수의 변화의 폭은 그리 크지 않습니다. 물론 학교나 선생님들의 경우는 다릅니다. 아무래도 과목 수 증가와 선택의 확대는 가르쳐야 할 과목의 확대를 의미하므로 이로 인한 **수업과목의 증가와 시간표 작성의 복잡함이라는 큰 부담**이 생길 수밖에 없습니다.

이러한 단점은 **결국 학교 간 교육과정의 차이를 불러오게 되며 이는 학생들이 실제로 선택할 수 있는 과목의 수에 있어서의 차이를 불러오게 되고, 나중에는 대학입시의 유불리까지 이어지게 됩니다.** 어찌 되었든 2025년부터 2022개정교육과정은 실행되며, 변화는 다음과 같습니다.

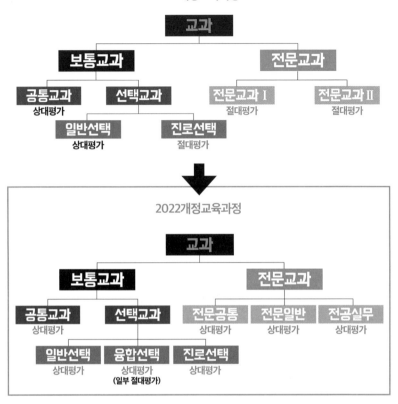

2015개정교육과정

교과

보통교과 / 전문교과

공통교과 상대평가 / 선택교과 / 전문교과Ⅰ 절대평가 / 전문교과Ⅱ 절대평가

일반선택 상대평가 / 진로선택 절대평가

2022개정교육과정

교과

보통교과 / 전문교과

공통교과 상대평가 / 선택교과 / 전문공통 상대평가 / 전문일반 상대평가 / 전공실무 상대평가

일반선택 상대평가 / 융합선택 상대평가 (일부 절대평가) / 진로선택 상대평가

위 표를 보면 2015개정교육과정보다 2022개정교육과정이 확실히 선택교과의 폭이 넓어졌습니다. 나중에 보게 될 세부과목표를 보면 이는 더욱 분명해집니다. 하지만, 문제는 과목 선택의 확대보다는 해당 과목의 **평가 방식의 변화**입니다.

2015개정교육과정은 공통교과와 일반선택이 9등급 상대평가지만, 나머지 진로선택과 전문교과는 절대평가입니다. 반면에 **2022개정교육과**

정은 9개의 사회·과학 융합선택과목만 절대평가이며 나머지는 모두 5등급 상대평가를 하게 됩니다.

창의적 체험활동 개편

소위 자동봉진(자율활동·동아리활동·봉사활동·진로활동)이라고 말하는 창의적 체험활동(이하 창체활동) 역시 시간과 명칭의 변화가 이뤄집니다. 24단위를 이수하도록 되어 있는 것이 **18학점 이수**로 바뀝니다. 창체활동의 축소로 여겨지며 이는 교과활동의 강화라는 다른 말로 읽히게 됩니다. 하지만 입시에서의 창체활동의 의미는 생각보다 축소되지 않을 겁니다. 학생들의 진로 관련 활동의 자유도가 가장 높은 부분이 창체활동 분야이기 때문에 이를 통해서 학생들의 진로 탐구활동을 펼쳐가면 됩니다.

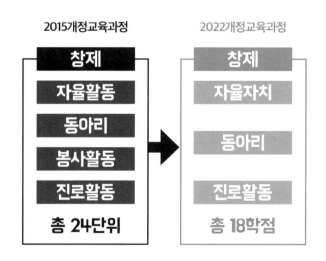

이번 개편에서 가장 두드러지는 것은 바로 **봉사활동의 사라짐**이라고 할 수 있습니다. 물론 그동안 대학입시에서 **봉사활동의 역할**은 점점 축소되어 왔습니다. 학생부 특기 사항란이 사라졌으며 종합란에 그 내용을 적는 정도였습니다. 이번에는 **창체활동에서 봉사활동란이 삭제**가 되었습니다. 하지만, **봉사활동의 내용은 동아리활동의 특이 사항에 기록이 가능하며 다른 창체분야에도 활동을 연계해서 기록이 가능**해졌습니다.

자율활동은 자율·자치활동으로 이름이 변경됩니다. 세부 내용은 이전과는 큰 변화가 보이지 않습니다. 동아리활동과 진로활동 역시 이전과 큰 변화 없이 지속됩니다. 창체활동은 단위수(2022개정교육과정에서는 학점)가 줄기는 했지만, **학생부에 기재되는 글자수의 변화는 없으므로 큰 변화가 사실상 없다**고 보면 됩니다. 하지만, **학종에서 평가 요소의 한 축을 차지하는 비교과 영역으로서의 창체활동은 여전히 중요**하다는 것을 잊어서는 안 됩니다. 창체활동을 어떻게 하면 자신의 관심사와 전공연계활동에 연계할지의 고민은 필요하며, 이에 대한 이야기는 창체활동 파트에서 자세히 다뤄보도록 하겠습니다.

1학년 공통과목에서의 변화

2025학년도 고1학생들이 배우는 공통과목의 범위와 종류는 이전 2015개정교육과정과는 큰 차이가 없습니다.

두드러지는 차이는 **평가 방식이 9등급 상대평가에서 5등급 상대평가로 바뀐다**는 점과, 1년 이수 기준이 학기 기준으로 바뀐다는 점입니다. (고교학점제는 학기제 이수가 기본입니다) 평가 방식의 차이는 다음에 다

교과(군)	공통과목
국어	공통국어1, 공통국어2
수학	공통수학1, 공통수학2
영어	공통영어1, 공통영어2
사회 (역사·도덕포함)	통합사회1, 통합사회2
과학	통합과학1, 통합과학2
체육·예술	
기술가정	

루도록 하고 이수 기준의 변경을 살펴보도록 하겠습니다.

2015개정교육과정에서 1학년 과정은 보통 1년을 기준으로 하고, 학생부 기재 역시 1년 기준 500자라는 분량을 가지게 됩니다. 물론 이전에도 1,2학기를 나눠서 교과세특이 기재 가능했지만 글자수는 1,2학기 모두 합쳐서 500자였습니다. 1학기에 300자를 사용했다면 2학기에는 200자까지만 교과세특의 기재가 가능했습니다. 보통 고1학생들의 학생부 기재가 1학년 2학기 말에 집중적으로 이루어지기 때문에 대부분의 과목은 1,2학기를 나누기보다는 보통 1년을 기준으로 교과세특이 기재되어왔습니다.

하지만, 2022개정교육과정에서는 과목이수 기준이 학기로 바뀌므로 **고등학교 1년 동안 기재되는 교과세특의 분량은 500자×2학기분인 1,000자로 늘어나게 됩니다.** 즉 1학기에 500자, 2학기에 500자로 교과세특이 기재됩니다. '공통국어1'과 '공통국어2'는 별개의 과목이 되므로 각각 500자를 기재할 수가 있다는 의미입니다. 이 변화는 꽤 중요한 변화로 여겨집니다.

보통 고1의 경우 교과세특 등 학생부 기재에 대해서 큰 준비를 하지 않습니다. 학년말이 되어서야 부랴부랴 준비하는 경우가 허다합니다. 고등학교에 입학하고 나서 변화된 환경에 적응하고 중간고사와 수행평가, 그리고 다시 이어지는 기말고사라는 숨바쁜 상황에 교과세특에 들어가는 탐구활동을 준비할 여유가 없었기 때문입니다. 그래서 여름방학을 기점으로 서서히 교과세특에 들어갈 내용들을 준비하기 시작합니다.

이제, 고1학생들에게 그럴 여유는 없습니다. 고등학교에 입학하고 나서 5개월 후에 이 학생들은 자신들의 학생부에 기재된 내용을 보게 됩니다. 이전에는 각 과목별 등급을 포함한 교과 성적만이 담긴 성적표만 받아봤다면, 이제부터는 자신들의 1학기 활동의 결과가 적혀있는 학생부를 보게됩니다. 절대평가로 평가가 이루어진 중학교에서와는 달리, 고등학교에와서 친구들과의 경쟁을 경험하게 하는 상대평가로 치러진 각종 평가를준비하기도 바쁜 와중에, 이제는 학생부에 들어갈 활동까지 1학년 1학기 중에 신경을 써야 하는 이중고를 경험해야 한다는 의미가 됩니다.

더군다나 내신만 들어가던 학생부교과전형과 수능만 들어가던 **정시전형에서도 2028대입부터는 서류(학생부)의 비중이 늘어나게 됩니다.** 이전에는 학생부 비중이 비교적 적었던 교과전형과 정시를 준비하던 학생들은 상대적으로 학생부 관리에 신경을 쓰지 않았던 것이 사실이었습니다. 하지만, 고교학점제를 기반으로 하는 2028대입부터는 교과세특의 평가 비중이 늘어나기에 이제 교과세특 관리는 학생부종합전형을 준비하는 학생들만의 일은 아닙니다. 거의 모든 전형에서 교과세특의 비중은 커질 수밖에 없으므로 1학년 1학기부터 이를 관리해야 합니다. 모든 과목에서 실시되는 수행평가에 대해서 단순히 점수를 더 받기 위해서 노력하는 것이 아닌 더 좋은 학생부 기재를 하기 위해서 내용적인 면에서 좀 더 신경을 써야 합니다. 성적에는 들어가지 않는 수업에 대한 참여나 수업 중 발표, 그리고 수업 내용과 연계된 탐구활동에도 1학년 1학기부터 힘을 실어야 합니다.

1학년 1학기부터 대입에 대한 이해력을 키우고 자신의 관심사와 전공에 대한 고민을 해야 합니다. 고교학점제 기반의 2028대입부터는 단 하나의 요소로 대학을 가는 시기가 끝납니다. '내신'과 '학생부', '수능'이라는 삼각 고리를 모두 신경을 쓰고 전략적으로 움직여야 성공적인 대입결과를 얻을 수 있습니다. 미리 준비하고 계획해야 시행착오를 줄일 수 있습니다.

성적 시스템의 변화

내신 체계 개편

지금껏 살펴본 교육과정개편 자체는 그리 중요한 것은 아닙니다. 과목이 다양해지고 학생의 과목 선택권이 확대되어 다양한 학습 경험을 얻을 수 있다는 장점은 존재하나, 과연 그것이 우리 학생들에게 실제로 영향을 끼치느냐 하는 질문에는 의구심이 들 수밖에 없습니다. 그도 그러한 것이 대한민국에서 고등학생에게 중요한 것은 다양한 과목 선택이 아니라 과연 그 과목이 내가 대학을 가는 데 있어 어떠한 장단점이 있느냐 하는 것이기 때문입니다.

그래서 중요한 것이 고교학점제에서 내신성적을 어떻게 산정하느냐 입니다. 절대평가로 평가가 된다면 성적에 대한 부담이 줄기 때문에 자신이 듣고 싶은 과목을 선택할 수 있는 여지가 있습니다. 그 과목을 수강한 학생수에 상관없이 평가가 이루어지므로 '소인수과목'(수강 인원수가

15명 이하인 과목) 선택에도 부담이 없습니다.

　하지만, 상대평가가 될 경우에는 성적 자체가 자신이 받은 점수가 아닌 다른 학생보다 잘하느냐가 중요한 요소가 되며, 그 과목을 수강하는 학생수 역시 중요한 판단 기준이 됩니다. 기왕이면 **학생수가 많아야지 등급당 인원수가 늘어나기에 소인수과목에 대한 외면**이 발생되기도 합니다. 이러한 모습들이 2015개정교육과정의 상대평가 체계에서 보여준 단점들이었습니다. 그래서 학생들의 적성과 관심사에 따라 과목 선택을 하자는 취지에 맞게 고교학점제 자체도 모든 과목의 평가를 절대평가를 전제하고 설계되었습니다.

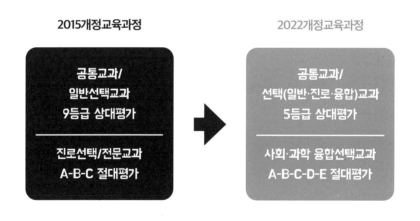

　2015개정교육과정에서는 공통교과와 일반선택에서 9등급 상대평가가 이뤄지며, 진로선택과 전문교과에서는 ABC 절대평가(성취평가)로 평가가 됩니다. 초기 2022개정교육과정 시안에서는 고교학점제의 취지에 맞게 학생들의 과목 선택권 확대를 위해서 1학년 공통과목만 9등급 상대평

가를 유지하고 다른 과목은 모두 절대평가를 하기로 예정되었습니다. 하지만 여러 논의 끝에 결국 **일부 과목(사회·과학 융합선택 9개 과목)만 절대평가로 하고 나머지는 모두 5등급 상대평가로** 하기로 결정되었습니다.

이런 성적 체계의 변화가 2022개정교육과정의 가장 큰 변화라고 할 수 있습니다. 9등급 상대평가에서 5등급 상대평가로의 전환은 내신을 기반으로 하는 대입전형의 평가 방식의 변화를 불러올 수밖에 없습니다. 학생들과 학교가 가장 체감이 높은 변화라고 할 수 있습니다.

2022개정교육과정에서의 성적 표기 방식

	절대평가		상대평가	통계정보		
	원점수	성취도	석차등급	성취도별 분포 비율	과목평균	수강자수
공통교과 일반선택 진로선택 융합선택	◉	ABCDE	5등급	◉	◉	◉
융합선택 (사/과)	◉	ABCDE	✖	◉	◉	◉
전문교과	◉	ABCDE	5등급	◉	◉	◉

모든 교과의 경우 성취평가가 표기가 됩니다. 지금도 성적표에는 성취평가가 표기가 되지만, 대학으로 가지는 않습니다. 이제 **2022개정교육과정에서는 각 교과별 성취평가도 대학으로 전송**됩니다. 그 외에도 성취도별 분포 비율과 과목평균, 그리고 수강자수도 마찬가지로 대학으로

가게 됩니다. 다만, 기존에 대학으로 보냈던 **과목의 표준편차는 사라지게** 되었습니다.

보통 표준편차는 고등학교의 종류를 짐작할 수 있는 수단이었습니다. 학생들의 실력이 우수한 학교(자사고, 특목고, 특정 지역 학군)의 경우 표준편차가 10이내인 반면, 일반고의 편차는 20 이상을 보여주는 것이 일반적이었습니다. 이런 것을 통해서 대학은 해당 학생의 소속 고등학교 수준을 알 수 있었습니다. 이제는 표준편차가 표기되지 않으므로 이런 방식은 사용할 수가 없게 됩니다. 그렇다면 이 표준편차를 이용했던 **일부 대학의 Z점수 시스템은 더 이상 활용하기가 힘들어집니다.**

Z점수는 고등학교의 실력을 추정하기 위해서 도입한 내신 계산 체계로 평균이 높고 표준편차가 적은 학교에 유리하게 나옵니다. 그렇다면 평균이 높고 표준편차가 적은 학교는 보통 학생들의 학업역량이 좋은 학교들일 확률이 높습니다. 이제 이런 Z점수를 대학이 사용하기란 어려울 듯합니다.

상대평가 5등급 체계로의 변화

내신평가를 5등급으로 바꿨다는 것은 등급에 해당하는 학생의 비율

변화를 의미합니다. 이는 내신등급에 대한 대학의 인식을 변화시킬 수 밖에 없는 요인이 됩니다.

2022개정교육과정의 5등급 상대평가 등급 별 비율

	1등급	2등급	3등급	4등급	5등급
구간 비율	10%	24%	32%	24%	10%
누적 비율	10%	34%	66%	90%	100%

상대평가 5등급에서 1등급은 10%에 해당하는 학생들에 해당합니다. 기존의 9등급제에서는 4%의 학생들이 받던 등급이었습니다. **2등급의 경우 구간 비율 24%고, 누적 비율로 보면 무려 34%까지의 학생이 2등급까지의 등급을 받게 됩니다.** 이는 9등급제에서 무려 3,4등급에 해당하는 비율의 학생입니다.

	1등급	2등급	3등급	4등급	5등급
구간 비율	10%	24%	32%	24%	10%
누적 비율	10%	34%	66%	90%	100%
2015 교육과정 (누적 비율)	1 4% / 2 11% / 3 23%	4 40%	5 60% / 6 77%	7 89% / 8 96%	9 100%

3.4등급

즉, 이는 **내신등급 간에서의 경쟁의 완화**를 의미합니다. 9등급제에서는 1등급을 받기 위해서 4%에 들기 위해 엄청난 경쟁을 해야만 했습니다. 특히 학생수가 적은 학교에서는 1등을 해야지만 1등급을 받는 과목이 존재했습니다. 하지만, 5등급제에서 1등급의 비율은 4%에서 10%로 변하게 됩니다. 무려 250%의 증가폭을 보이게 됩니다. 2등급의 경우 구간 비율 7%가 24%로 340% 증가하며, 2등급까지 누적 비율은 11%에서 34%로 309%의 증가율을 보이게 됩니다.

5등급제 변화로 인한 2등급까지의 비율 증가율

	2015	2022	증가율
1등급 비율	4%	10%	250% ⬆
2등급 비율	7%	24%	340% ⬆
2등급까지 누적 비율	11%	34%	309% ⬆

이를 학년수 200명의 학교로 예를 들면 다음과 같습니다.

200명 학년 기준 등급제에 따른 등수

	9등급제		5등급제	인원증가율
1등급	1~8등		1~20등	250%
2등급	9~22등		21~68등	340%
3등급	23~46등		69~132등	274%

보통 수도권 대학 수시에서 유의미하다고 할 수 있는 등급은 3등급입니다. 5등급제에서는 3등급에 해당하는 학생수는 9등급제보다 대폭적으로 늘어가게 됩니다. 이는 기존 9등급에서는 5등급에 해당하는 학생까

지 3등급을 받게 됩니다. 특히나 서울권 대학에서 수시 합격권이라고 할 수 있는 등급은 기존 3등급에서, 5등급제에서는 2등급으로 낮아지게 됩니다. 한마디로 5등급제에서 3등급은 서울권 대학에서의 수시전형에서는 치명적이라는 예측이 가능합니다.

5등급제에서 1등급의 비율 확대로 인해서 최상위권 학생들의 경쟁은 완화된 측면이 있습니다. 이는 1등급이 주는 영향을 더욱 크게 만들게 됩니다. 서울권 최상위권 대학이나 의치한약수와 같은 최상위권 학생들이 선호하는 학과의 합격 등급을 '1등급'으로 만들어버립니다. 기존 9등급제에서 1등급 초반까지 합격하던 등급은 이제 '1.00'이 되어야만 합격이 가능해졌습니다. 1등급 경쟁이 완화된 만큼 2등급의 효과는 치명적이 돼버립니다.

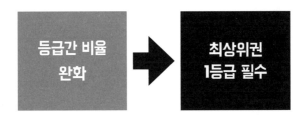

이로 인해서 기존 내신 100%로 유지하던 학생부교과전형의 평가는 큰 변화를 불가피해졌습니다. 5등급제 내신으로는 최상위권 혹은 상위권의 변별이 거의 불가능하게 됩니다. 기존 내신과 수능최저로만 평가하던 방식을 다른 평가 요소를 더하는 방식으로 선발을 해야 합니다. 이미 이런 방식은 경희대나 건국대, 동국대 같은 대학에서 실시하고 있습니다. 이들 대학은 기존 내신 이외에 학생부의 교과세특이나 면접과 같은 추가적인 평가 요소를 운영하고 있습니다. 이는 기존의 학생부교과전형이 아닌 학생부종합전형 방식의 평가로의 전환을 의미합니다. 또한 대부분의 학생부교과전형에서 유지하던 **수능최저를 강화하는 방식**으로 이어질 수 있습니다.

5등급 상대평가로 인한 학생부교과 평가 방식 변화

내신 100% 학생부교과 유지 불가능

- 학생부교과세특 반영(서류추가)
- 면접 반영
- 수능최저 상승

기존평가+@

상대평가등급 산출 과목의 급증

2015개정교육과정에서는 공통교과와 일반선택교과만 상대평가였고, 진로선택과 전문교과의 경우 절대평가였습니다. 이제 2022개정교육과정에서는 사회·과학 9개의 융합선택교과와 일부 예체능교과를 제외한 나머지 모든 과목은 5등급 상대평가가 됩니다. 이는 **상대평가로 등급이 산출되는 과목의 대폭 증가**를 의미합니다.

보통 절대평가였던 **진로선택이나 전문교과의 경우 교과의 위계 등의 이유로 3학년에 배치되는 경우가 많습니다.** 비율로 등급이 정해지는 상대평가보다 점수로 등급이 정해지는 절대평가는 학생들에게 **시험과 경쟁 부담을 덜어주는 효과**가 있습니다. 시험도 보통 1번만 보고 수행평가의 비중이 크지만, 그리 큰 부담이 되는 수준의 평가가 이루어지는 것도 아니었죠. 그래서 고3학생들에게 진로선택교과는 내신 부담을 덜어주는 대신 수능에 좀 더 매진할 수 있도록 해주었습니다. 특히나 **자연계열** 학생들의 경우 고3 과목에서 등급이 나오는 과목이 2~3개 정도 되었기에 수능에 매진하기 쉬웠습니다.

고3 시기 영향

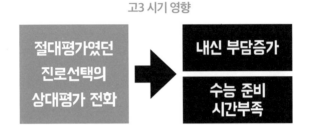

하지만, 이제 거의 모든 과목이 상대평가로 변하는 고교학점제에서는 고3들도 내신 부담을 그대로 짊어지게 되었습니다. 대부분의 진로선택교과나 융합선택교과가 수능에서 출제가 되지 않는 과목이다 보니 학교 공부와 수능 공부의 불일치가 더욱 심해지게 됩니다. 즉, 고3학생들에게는 **내신 부담**은 증가되고 이는 **수능 준비 부담으로 전가**되는 효과가 발생하게 됩니다.

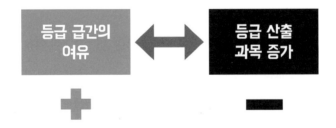

이는 수능 공부량에 있어서 졸업생들과의 격차가 더 커질 수 있는 여

지를 주게 되며, 결국에는 **수능의 영향력이 큰 전형에서 졸업생들의 우위 역시 커질 가능성**이 높습니다.

5등급 상대평가는 재학생들에게 등급 확보에 있어서의 부담 완화를 주겠지만, 상대평가가 적용되는 과목의 확대는 고3 재학생들에게 내신 공부 부담 확대를 의미하며 수능 경쟁력 약화로 이어지게 됩니다.

서·논술형평가가 늘어난다

서·논술형평가 확대

2022개정교육과정의 또 다른 특징은 '서·논술형 확대'라고 할 수 있습니다. 5지선다형이라는 선택형 시험의 한계를 극복하려는 시도로 21세기 AI 시대에 걸맞은 평가 방침이라고 보입니다. 아무래도 5지선다형 시험은 정답 1개를 고르는 시험이라서 단순 지식 평가라는 측면이 큽니다.

AI의 기능과 성능이 점점 발달하는 사회에서 단순 지식을 암기해서 적용하는 평가를 통해서 인재를 양성하는 방법에는 아무래도 한계가 있습니다. 이를 위해 5지선다형 평가를 지양하고 학생들의 창의적이고 융합적인 면을 끌어내기 위한 서·논술형평가 확대는 분명히 의미가 있습니다.

학생들에게 있어서도 정답과 오답이 정확하게 가려지는 선택형 시험보다는 **부분 점수가 존재하는 서·논술형의 평가가 점수 확보라는 측면에서도**

유리한 점이 있습니다. 완전한 답을 쓰지 않더라도 평가 기준에 따라서 부분 점수를 받게 되므로 문제풀이를 포기하는 학생들도 줄어들 수 있어 자존감 형성에도 도움을 줄 수 있습니다. 또한 정형화된 선택형 평가보다 좀 더 다양한 형태의 평가가 가능한 서·논술형평가는 학생들의 다양한 역량을 평가할 수 있는 좋은 평가도구입니다.

긍정적 포인트

☑ **5지선다형이라는 선택형 시험의 한계를 극복하려는 시도**
☑ **부분 점수가 존재한다**
☑ **다양한 형태의 평가가 가능하다**

하지만, 이런 긍정적인 면에도 불구하고 서·논술형평가 확대는 확실하게 부정적인 면도 존재합니다. 우선 과연 고등학교 평가가 대입과 직결되는 대한민국의 입시에서 서·논술형평가가 과연 학생들의 지지를 받을 수 있냐는 점입니다. 입시에서 학생들과 학부모가 가장 중요하다고 생각되는 점이 바로 '공정성'입니다.

서·논술형평가는 정답이 하나만 정해져 있지 않습니다. 채점표에 정답은 제시되어 있지만, '유사 정답'과 '부분 정답'이 존재하는 시험입니다. 따라서 평가자의 주관성이 개입될 여지가 높은 시험이기도 합니다. 실제로 학교 현장에서는 서·논술형평가 채점 과정에서 교사와 학생들 간의 갈등이 존재합니다.

이런 문제로 인해서 실제 학교 현장에서의 서·논술형평가는 학생들의 창의성을 측정하기보다는 **세세한 평가 기준 부여를 통한 기계적 채점**이 이루어지고 있습니다. 다양하고 창의적인 문제 출제보다는 문제 발생 여지가 적은 문제 출제로 이어지는 단점을 보여주고 있습니다.

부정적 포인트

☑ **과연 확대가 가능한가?**
☑ **평가자에 따라 평가가 달라질 수 있다**
☑ **평가에 걸리는 시간이 길다**
☑ **생각보다 표준편차가 심하다**

또한 서·논술형평가 시 **채점 과정에서 시간이 많이 소요되는 문제**가 있습니다. 지필평가의 특성상 빠른 시기안에 채점이 완료되고 학생들과의 확인 과정이 빨리 이루어져야 합니다. 서·논술형평가의 확대는 교사의 부담 확대로 이어지게 됩니다. AI채점을 이야기하고 있지만, 그것은 불확실한 미래일 뿐입니다.

또 다른 문제로는 **서·논술형평가의 편차가 생각보다 심하다**는 점입니다. 부분 점수와 유사 정답이 있지만, 채점 과정에서의 논란을 피하기 위해서 생각보다는 정형화된 답만을 정답으로 채점하는 경우가 많습니다. 많이 개선되고 있기는 하지만, 교사들의 성향 자체가 유사 정답이나 또다른 정답을 인정하기가 힘들기 때문에 예측되지 않은 유사 정답이나 부분 점수를 주는 경우가 그다지 많지는 않습니다. 그 과정에서 출제 교사들 간의 협의가 필요하고, 다른 학생들의 답변을 고려해야 합니다. 이역시 학생들과의 갈등을 야기하는 경우도 많습니다.

이런 문제로 인해서 서·논술형평가에서 미리 정해놓은 유사 정답 혹은 부분 점수 이외에 다른 답변에 점수를 부여하는 경우가 적으며, **서·논술형평가 시 채점 기준을 굉장히 세부적으로 설정**하기도 합니다. 세부적으로 설정하면 할수록 부분 정답이나 유사 정답을 인정하는 경우는 적어지게 됩니다.

서·논술형평가 확대 대비 POINT

서·논술형평가 확대에 대한 논란과는 상관없이 중학교 학생들은 이런 변화에 미리 대비해야 합니다. 중학교에도 서·논술형평가를 시행하지만, 고등학교에서의 평가와는 그 질과 양에 있어서 차이가 있습니다.

우선 정답이 하나가 있고, 단편적인 지식을 측정하는 선택형 문제와는 다르게 **서·논술형평가에서의 답은 길고, 문장 단위로 이루어진 경우가 많**습니다. 개념에 대한 확실한 이해가 전제되며, 이를 글로 표현하는 연습이 많이 필요합니다. **Input이 제대로 되어야 Output 이 제대로 나올 수 있습니다.** 해당 과목을 공부할 때에도 기계적으로 내용을 암기하거나 일종의 스킬을 사용해서 정답을 고르는 방식으로는 서·논술형평가에서 좋은 점수를 받기 힘듭니다.

독서 등을 통해서 다양한 분야의 내용을 알고 있어야 하며, 이를 **글로 표현하는 과정을 미리 연습**해두어야 합니다. 교과서의 개념이나 내용을 학습할 때, 다른 학생에게 해당 내용을 설명할 수준까지 **개념을 이해해야** 합니다. 내용을 학습할 때에도 단순 암기가 필요하지만, 그 내용에 대한 **분석적 사고**도 해봐야 합니다. 분석적 사고는 어려운 것이 아닙니다. 해당 사안에 대해서 **궁금증을 가지고 질문을 통해 답을 찾아가는 한 방법**일 뿐입니다. 자신만의 **정보구조도나 마인드맵**을 사용해서 내용을 정리해 보는 것도 좋습니다. 이를 글이나 말로 표현하는 방식도 연습을 해야 합니다.

서·논술형평가는 결국 '글'로 '정답'을 써내려가는 평가입니다. 요즘 학생들은 휴대폰이나 태블릿 등의 디지털 도구를 가지고 학습하는 경우가 많습니다. 필기 역시를 이러한 기기를 사용하는 경우가 많습니다. 이렇다 보니, **많은 학생들의 글씨를 보면, 엉망인 경우가 허다**합니다. 심지어, 자신이 쓴 글자를 본인도 알아볼 수 없는 경우도 많습니다. 학교에서 치르는 시험은 종이에 문제를 풀고 그 정답을 써야 합니다. 평가에서의 공정성을 위해서 **평가자가 알아볼 수 없는 글씨는 오답으로 처리**될 수밖에 없습니다. 학생들에게 한석봉과 같은 명필을 요구하는 게 아닙니다. 최소한 **남이 봤을 때 논란의 여지없이 그 내용을 알 수 있을 정도의 수준을 보여달라**는 겁니다.

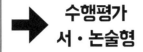

필사연습 ➡ 수행평가 서·논술형   채점 불이익 방지

이를 위해 '필사'를 추천합니다. 교과서나 자신이 읽고 있는 책을 그대로 노트에 써보는 겁니다. 처음에는 많은 양을 써 내려가는 것이 힘들 수도 있습니다. 하지만, 어느 정도 손에 익게 되면 자연스럽게 글씨 모양은 점점 나아지게 됩니다. **한 권 정도 필사**를 하다 보면 명필은 아니더라도 남 보기에 부끄럽지 않은 글씨를 가지게 될 겁니다. 중학교 때의 평가를 생각하지 마세요. 앞으로 고등학교에서는 꽤 많은 서·논술형평가를 보게 됩니다. 수행평가든, 지필평가든 과목에 따라서 50% 이상까지 그 비율이 늘어날 수도 있습니다.

대비할 포인트

- ☑ **Input(독서) ➡ Output(글쓰기)**
- ☑ **단순 암기/이해가 아닌 분석적 사고**
- ☑ **말하고 글로 쓰는 연습이 필요하다**
- ☑ **글씨 연습도 필요하다**

마지막으로 상식적인 내용이기는 하지만, 시험을 준비할 때 미리 계획을 세우고 해야 합니다. 고등학교 시험은 중학교 때처럼 벼락치기로 좋은 결과를 볼 수 있는 시험이 아닙니다. 시험 범위와 내용의 깊이는 중

학교와는 큰 차이를 보여줍니다. 앞에서 언급했다시피 개념에 대한 완전한 이해를 바탕으로 시험 범위의 내용을 학습해야 하는 것은 기본입니다. 더군다나 서·논술형평가의 경우 선택형 평가를 준비하는 것보다 더 많은 내용 이해와 암기, 분석이 필요하기 때문에 그에 걸맞은 시간을 투자해야 합니다. 벼락치기로는 결코 서·논술형평가에서 소기의 목적을 이루는 것은 거의 불가능합니다.

chapter **2**

2028
대입전형의 이해

2028대입 핵심 포인트!

- 내신 5등급 상대평가로 인한 등급 경쟁 완화
- 수능 개편 : 선택과목 X
- 수학 : 대수, 미적분 II, 확률과 통계 ➡ 범위 축소
- 탐구 : 통합사회, 통합과학
- 자연계열 유리해짐
- 특목/자사고 수요 증가
- 입시 개편 : 모두 섞는다

2028대입전형 변화 포인트

2028대입전형 변화 포인트

- ☑ **2025학년도 고1부터 적용**
- ☑ **내신 상대평가 5등급제**
- ☑ **수능과목 변화**
- ☑ **수능시험 범위 변함**
- ☑ **대학별 전형 변화 불가피**

고교학점제로 인한 대입전형의 변화는 불가피합니다. 기본적으로 내신 체계가 바뀌므로 대학은 기존의 고등학교 내신평가 방식을 그대로 적용할 수가 없습니다. 여기에 수능시험 범위와 과목의 변화로 인해서 **수능에 대한 변별력이 약화**될 수밖에 없습니다. 내신과 수능이라는 입시의 두 축이 변하게 되므로 이를 바탕으로 운영해온 **대학들의 입시전형은 필연적으로 변화**해야만 합니다.

　결론부터 이야기하자면, 고교학점제에서의 내입은 **하나의 평가 요소만 가지고는 학생 선발이 거의 불가능**해집니다. 즉, **무언가를 섞어야만 하는 상황**이 오게 됩니다. 지금 하고 있는 것도 힘든데 이제는 여기서 더 해내야 하는 상황에 직면하게 됩니다.

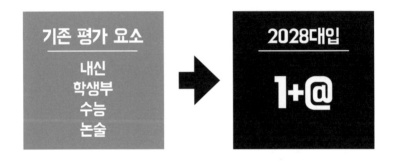

내신 산정 변화

5등급 상대평가

고교학점제는 5등급 상대평가와 일부 과목의 절대평가라는 내신 산정 기준을 가집니다.

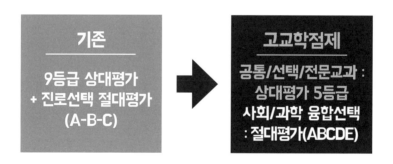

기존에는 70%의 과목이 9등급 상대평가로 내신이 결정되고 나머지 30% 정도의 과목이 A-B-C 절대평가로 평가가 이루어졌습니다. **고교학**

점제에서는 이것이 공통교과, 선택교과, 전문교과가 5등급 상대평가로 바뀌며, 사회·과학 융합선택 9개 과목만이 절대평가로 학생들을 평가하게 됩니다.

가장 큰 변화는 역시 9등급 상대평가가 5등급 상대평가로 바뀌는 부분이라고 할 수 있습니다. 이는 각 등급당 인원수의 증가를 의미하며 결국, 각 등급이 주는 변별력의 감소로 이어질 수밖에 없습니다.

9등급 ➡ 5등급 상대평가

◉ 등급간 비율 확대

	1등급	2등급	3등급	4등급	5등급
구간 비율	10%	24%	32%	24%	10%
누적 비율	10%	34%	66%	90%	100%

2015 교육과정 (누적 비율)	1 4%	2 11%	3 23%	4 40%	5 60%	6 77%	7 89%	8 96%	9 100%

3.4등급

1등급의 경우 기존 4%에서 10%로 확대가 됩니다. 기존 비율 대비 2.5배의 인원 증가가 이루어집니다. 4%인 1등급 경쟁을 했던 최상위권 학생들에게는 어느 정도 여유가 생기게 됩니다. 100명 정원이라면 4명이 1등급을 받지만, 고교학점제에서는 10%인 10명이 1등급을 받을 수 있습니다. 이로 인해서 1등급을 받는 인원수는 대폭 늘어나게 됩니다. 의치한약수를 목표로 하는 최상위권 학생들의 합격 내신은 1.0이 될 수밖에 없게 됩니다.

인서울 상위권 대학이라면 1점대 등급이어야 합격권에 들 수 있습니다. 학종이라면 인서울 기준 2점대 등급이 최종 라인이 될 수도 있습니다.

이는 내신등급이 주는 위력의 약화를 의미하기도 합니다. 등급당 인원이 2~3배 이상 늘어나므로 기존 내신만으로 선발하는 **학생부교과전형의 경우 내신의 변별력이 약해질 수밖에** 없습니다. 그렇다면 현재 건국대, 경희대, 동국대의 학생부교과전형과 마찬가지로 내신에 추가로 학생부를 반영하는 대학이 늘어날 수밖에 없습니다. 즉 **교과의 학종화**가 이루어지게 됩니다.

여기에 대학들은 대부분의 교과전형이 가지고 있었던 **수능최저 기준을 강화**할 가능성이 높습니다. 수능시험 범위와 과목수의 변화로 인해서 **수능 역시 변별력 약화가 예상되므로 수능최저 강화**를 할 수밖에 없는 환경이 만들어지기 때문입니다.

이는 결국 기존 내신이라는 막강한 장점을 가지고 있던 **일반고에게 있어 내신의 위력 감소로 인해서 수시에서의 합격 가능성이 약화**될 가능성이 있습니다. 기존 교과전형의 경우 일반고 학생들의 지원과 합격이 대부분을 차지했지만, 내신 급간의 완화 그로 인한 내신 위력의 감소, 그리고 학생부의 평가 요소 추가로 인해서 **자사고 등의 추가 유입이 가능**해졌습

니다. 또한 기존 특목 자사고가 강점을 보여주었던 **학종에서도 내신의 위력 감소로 인해서 더욱 약진할 가능성이 높습니다.** 이는 반대급부로 학종에서의 일반고의 약세 지속으로 이어질 겁니다.

등급 산출 교과의 증가

이전에는 공통교과와 일반선택교과만이 9등급 상대평가가 이루어졌습니다. 진로선택과 전문교과는 절대평가가 진행되었습니다. 고교학점제에서는 사회·과학 융합선택 9개 과목과 예체능 교과 등 **일부 과목을 제외한 모든 과목이 5등급 상대평가로** 내신이 산정됩니다. 기존의 진로선택과목은 보통 고3 시기에 대부분 배정이 되어서 고3 재학생들의 내신 부담을 완화시켜 주었고, 이는 재학생의 수능 경쟁력 향상에 도움이 되었습니다. 하지만, 고교학점제에서는 고3에서 등급이 나오는 과목이 이전 대비 증가하게 되므로 내신 부담은 더욱 증가하게 되고, 반대 급부로 수능 공부시간 감소로 이어지게 됩니다. 여기에 교과와 수능 위주 정시에서 다른 평가 요소가 추가되는 상황과 더해져서, **고교학점제에서는 재학생의 수능 경쟁력이 이전 대비 졸업생들에 비해서 떨어질 가능성이 높습니다.**

9등급에서 5등급으로의 등급 변화, 이로 인한 등급당 인원 증가로 인한 **내신의 위력 감소는** 그동안 **특목·자사고의 약점이었던 내신의 약점을** 어느 정도 **완화해** 주는 효과를 가집니다. 물론 일반고에서도 1,2등급의 인원이 늘어나기는 하지만, 이로 인한 **일반고의 장점이 늘어나는 효과는** 그리 커 보이지 않습니다.

상대평가로 평가되는 과목의 증가 역시 고3까지 내신 준비라는 부담이 생

고3까지 내신준비 강화		재학생의 수능 경쟁력 약화
내신 100 교과 축소 ➡ 서류/면접 준비 강화		
내신 급간 완화로 인한 내신 부담 완화		특목자사고의 약점 완화
내신 급간 완화로 인한 수능최저 강화		일반고의 약점 부담

 일반고  특목자사고

내신 산정 변화 영향

◎ 여전히 수시에서 내신 비중은 상당함

◎ 교과전형에서 일반고는 여전히 유리

◎ 특목자사고의 약점은 완화됨

◎ 어찌 되었든 수능의 위력은 강화

➔ 수능 준비는 필수

겨나게 되고, 이로 인해서 재학생의 수능 경쟁력 약화로 이어질 수도 있습니다. 이는 내신 위력 감소로 인한 수시에서의 **수능최저 강화 분위기**에 비추어 봤을 때, **일반고의 약점을 부각시키는** 면이 있습니다.

상대평가 과목의 증가로 인해 내신 산정 과목의 증가라는 내신의 위력 증가 포인트보다는 5등급 평가로 인한 등급당 인원 증가로 인한 **내신의 위력 감소가 더 크게 느껴지게 됩니다.** 여기에 학생부의 평가 요소 산입,

특히 교과세특의 비중이 커지는 상황 역시 학생부에 강점이 있는 특목·자사고에게 유리한 측면이 있습니다.

결국 큰 틀에서 보자면 일반고의 강점은 희석되고 특목·자사고의 약점은 크게 완화되는 결과로 이어질 가능성이 높아 보입니다. 이는 중학생들의 고교 선택에 있어서 특목·자사고를 선택할 수 있는 유인책으로 작용될 수가 있습니다.

물론 수시에서 내신이 가지는 위력은(이전 보다는 못하지만) 여전히 위력을 발휘할 가능성이 있습니다. 그렇기에 교과전형에서는 여전히 일반고가 유리하다는 상황은 분명합니다. 그렇지만, 특목·자사고의 약점 역시 완화되는 측면은 무시할 수 없습니다. 여기에 수시에서 수능의 위력은 수능최저 강화로 인해서 세질 수 있으므로 내신과 더불어 수능 준비는 필수라고 여겨집니다.

수능의
변화 포인트

수능 선택과목의 소멸

2028대입 개편안은 내신 말고도 수능에서도 큰 변화를 보이고 있습니다.

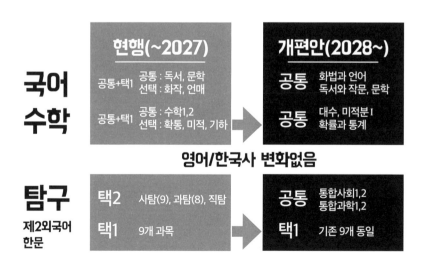

	현행(~2027)		개편안(2028~)	
국어	공통+택1	공통 : 독서, 문학 선택 : 화작, 언매	공통	화법과 언어 독서와 작문, 문학
수학	공통+택1	공통 : 수학1,2 선택 : 확통, 미적, 기하	공통	대수, 미적분Ⅰ 확률과 통계

영어/한국사 변화없음

	현행		개편안	
탐구	택2	사탐(9), 과탐(8), 직탐	공통	통합사회1,2 통합과학1,2
제2외국어 한문	택1	9개 과목	택1	기존 9개 동일

이번 개편안의 가장 큰 특징은 **국어·수학·탐구 영역에서의 선택과목을 폐지했다는 점**입니다. 국어는 기존 공통인 〈독서〉, 〈문학〉 선택인 〈화법과 작문〉, 〈언어와 매체〉가 〈**화법과 언어**〉, 〈**독서와 작문**〉, 〈**문학**〉이라는 공통과목으로 바뀝니다. 수학은 공통인 〈수학I〉, 〈수학II〉, 선택인 〈확률과 통계〉, 〈미적분〉, 〈기하〉가 공통인 〈**대수(기존 수학I)**〉, 〈**미적분I(기존 수학II)**〉, 〈**확률과 통계**〉라는 공통과목으로 바뀝니다. 영어와 한국사는 변화 없이 절대평가로 치러집니다. 가장 많은 선택과목을 가졌던 탐구 영역은 기존 사회탐구 9개, 과학탐구 8개의 선택과목이 〈**통합사회**〉, 〈**통합과학**〉 공통과목으로 바뀌게 됩니다. 선택과목에 따라서 유불리가 존재했던 기존의 인문·자연 통합 수능의 단점을 줄이고, 인문·자연계열 모두 동일한 과목으로 수능을 보게 됩니다.

수능 수학 변화 영향

수능 개편안에서 **수능 수학시험 범위는** 〈대수(수학I)〉, 〈미적분I(수학II)〉, 〈확률과 통계〉입니다. 기존 〈확률과 통계〉, 〈미적분〉, 〈기하〉라는 선택과목을 없애고 〈확률과 통계〉를 공통과목으로 확정했습니다. 기존 자연계열 학생들이 선택하던 〈미적분〉과 〈기하〉는 수능에서 사라지게 되었습니다.

이는 매우 큰 변화를 불러올 것입니다. 인문계열 학생들과 일부 자연계열 학생들이 선택한 〈확률과 통계〉에 비해 자연계열 학생 대부분이 선택했던 〈미적분〉은 학습량에서 월등히 많은 모습을 보여주었습니다. 〈미적분〉에 비해 1/3 수준의 학습량을 가진 〈확률과 통계〉를 선택하고 남는 시간을 사회탐구 등에 투자할 수 있었던 인문계열 학생들의 경우 그 효과를 보기 힘들어졌습니다. 이는 반대로 미적분에 엄청난 시간을 투자했던 자연계열 학생들에게 학습 부담 완화로 돌아오며, 수능 수학의 다른 과목인 〈대수〉나 〈미적분I〉, 아니면 국어나 영어, 탐구과목에 대한 대비를 할 수 있도록 해줍니다.

또한 공통과목이 된 〈확률과 통계〉의 경우 보통 문제 자체의 난이도가 그리 높지 않게 출제가 되어왔는데, 아무래도 수능 수학의 변별력 확보를 위해서 기존 문제보다 난이도를 높일 가능성이 생겼습니다. 하지만, 기존 〈미적분〉에 비해서 변별력이 떨어질 수밖에 없기에 수능 수학 전체의 변별력 하락에 영향을 줄 수밖에 없습니다.

수학 변화 영향
- 대수(수I)+미적분I(수II)+확률과 통계
- 대수+미적분I 중요
- 확률과 통계도 난도 변화 가능성
- 기존 수능 미적 학습량 매우 많았음
- 자연계열 학생들 수능 학습 여유

자연계열 학생들에게 있어 기존 〈미적분〉 대신 〈확률과 통계〉 공부로 인해 〈대수(수학I)〉과 〈미적분I(수학II)〉에 대한 더 많은 시간 투자가 가능하므로 이로 인해서 수능 수학의 점수 인플레 효과가 나올 가능성이 매우 높습니다. 즉, 수능이 가졌던 변별력이 떨어지게 됩니다.

탐구 영역의 변화 영향

탐구 영역 역시 사회탐구 9개, 과학탐구 8개의 선택 영역이 통합사회와 통합과학으로 바뀌면서 공통 영역으로 축소됩니다. 이 역시 과학 탐구과목에 대한 부담을 가졌던 **자연계열 학생들에게 학습량의 감소를 가져오게** 합니다. 또한 선택과목에 따라 유불리가 확연했던 탐구과목의 경우 모두 공통으로 바뀌어서 **과목 선택의 영향이 아예 사라져 버립니다.**

탐구 변화 영향

- **사탐(9개)·과탐(8개) ➜ 통사+통과**
- **공통으로 변화하여 등급당 인원 증가**
- **기존 선택과목에 비해 난이도 하향**
- **수능 100 정시에 영향**
- **자연계열 학생들 수능 학습 여유**

여기에 인문계열 학생끼리의 경쟁이었던 사회탐구와, 자연계열 학생끼리의 경쟁이었던 과학탐구가 〈통합사회〉와 〈통합과학〉으로 바뀌게 되어 **인문·자연계열 학생 모두의 경쟁으로** 바뀌게 됩니다. 이는 결국 사회탐구에서 좋은 등급을 받았던 **인문계열 학생들의 탐구 영역에서의 등급 하락**을 야기할 가능성이 높습니다. 결과적으로 이는 **인문계열 학생들의 수능최저 비상**으로 이어지게 됩니다.

공통과목인 〈통합사회〉, 〈통합과학〉 과목은 고1에서 배우는 과목입니다. 난이도 조정이 있겠지만, 아무래도 기존 사회, 과학 탐구과목에 비해서 변별력이 떨어질 확률이 높습니다. 이는 결국, 탐구과목의 점수 인플레를 초래하게 될 여지가 많습니다.

국어 역시 〈화법과 작문〉에 비해서 학습량이 많았던 〈언어와 매체〉가 모두 〈화법과 언어〉로 바뀌게 되어 〈언어와 매체〉 선택이 많았던 **자연계열 학생들의 학습 부담을 완화시켜 줍니다.**

수능 개편의 승자 : 자연계열 학생

　결국 이번 수능 개편의 가장 큰 수혜자는 인문계열 학생들에 비해서 압도적으로 많은 학습 부담을 가졌던 자연계열 학생들이라고 할 수 있습니다. 반면에 인문계열 학생들은 탐구과목에서도 이제는 자연계열 학생들과 경쟁을 해야 하므로 수시에서 수능최저를 확보하는 데 큰 어려움에 빠질 가능성이 높게 되었습니다. 이는 정시에서도 원래 자연계열을 희망했던 학생들이 인문계열로의 교차지원이 더욱 활발하게 이루어질 수밖에 없으므로 가뜩이나 정시에서 불리했던 인문계열 학생들에게는 가혹한 변화로 여겨질 수밖에 없습니다.

　전체적인 수능시험 범위와 과목수 변화로 인해서 수능의 변별력이 떨어질 수밖에 없는 상황에 처하게 됩니다. 그렇다면 결국 수능 위주의 정시전형도 수시에서의 학생부교과전형과 마찬가지로 무언가를 섞을 수밖에 없게 됩니다. 정시에서 수능의 위력이 여전히 가장 세겠지만, 내신이나 학생

부, 심지어 면접도 평가 요소로 반영될 수가 있습니다. 이는 **결국 수험생**
의 부담으로 이어지게 됩니다.

수능 변화 영향

자연계열의 시험 범위 축소(국·수·탐)

통합 수능으로 인한 인문계열의 불리함

자연계열 우위 심화

수능 범위 과목의 축소

수능 100 정시 축소?

학생들의 학습량 축소

◉ 내신과 수능의 범위 축소

대체적으로 2022개정교육과정은 학생들에게 큰 폭의 학습 부담 완화를 가져다줍니다. 내신에서도 배우는 범위의 축소가 이루어졌으며 5등급 상대평가로 인해서 확실히 내신의 부담도 마찬가지로 완화가 됩니다. 여기에 수능시험 범위와 수능교과의 축소는 재학생에게 불리한 수능에서 어느 정도 경쟁력을 갖추게 해주었습니다. 특히 자연계열의 경우 이전과 비교했을 때 학습량이 30%가량 완화 효과가 있어 재학생의 수능 부담 역시 줄어들게 됩니다. 즉 시험 범위와 학습량이 줄어든다는 것은 변별력이 떨어진다는 것이고, 결국 고3 재학생들과 재수생(+N수생)과의 수능 격차(특히 상위권 학생들 사이의 격차)가 줄어들 수 있다는 것을 의미합니다.

고3 재학생의 불리함

- 상대평가 확대로 고3 내신 준비 확대
- 교과전형에서 서류·면접 준비 확대
- 수능 준비에 시간적 여유 부족

하지만, 이와는 반대로 상대평가 과목의 증가는 고3까지도 내신 경쟁이 이어짐을 의미합니다. 예전에는 진로선택교과가 고3에 집중 배치되어 절대평가로 인해서 내신 부담이 줄고 이를 수능 준비 시간으로 활용할 수 있었습니다.

하지만, 이번에는 대다수의 과목이 상대평가로 치러지게 되었으며, 교과에서의 학생부 활용 그리고 정시에서의 내신과 학생부 활용 가능성의 증대로 인해서 3학년 내내 이를 준비해야 하는 어려움이 예상됩니다. 수능시험 범위가 줄어들었다는 긍정적 요소와 내신과 학생부 준비 부담이라는 부정적 요소 중 어느 것이 고3 재학생에게 큰 영향을 줄지 예측하기가 힘들어지게 됩니다. 물론 절대평가인 사회·과학 융합선택 9개의 과목을 고3에 집중 배치하는 방식으로 이를 대비하는 학교가 나올 것입니다.

어찌 되었든 수능시험 범위의 축소는 졸업생들에게도 동일하게 적용되는 변화이므로, 3학년 내내 어떤 전형과 상관없이 내신과 학생부를 준비해야 하는 재학생들에게 입시 전체적으로는 좀 더 불리하게 작용하지 않을까 예상됩니다.

일반고의 불리함 확대

그동안 일반고는 내신 위주의 학생부교과전형에서 좋은 입시 결과를 보여

- 여전히 내신에서의 일반고 경쟁력 ○
- 5등급제 현행과 비교해서 특목/자사고의 불리함이 축소됨
- 선택과목확대 교과세특의 강화 특목/자사고 경쟁력 강화

주었습니다. 하지만, 9등급 평가가 5등급 평가로 축소되면서 등급의 위력이 줄어들게 됩니다. 그동안 상대적으로 불이익을 받았던 특목·자사고 학생들이 이 변화로 인해 가장 큰 혜택을 받게 됩니다. 여전히 교과전형에서 일반고가 유리하지만, 그 폭이 줄어들게 되며, 학생부종합전형에서는 더 큰 영향이 있으리라 예상됩니다. 더군다나 선택과목의 확대는 상대적으로 교과편성에 여유가 있는 특목·자사고의 우위가 유지될 가능성이 높습니다. 교과세특 역시 그동안 경쟁력을 보여준 특목·자사고의 위력이 계속 진행될 겁니다.

인문계열 학생의 불리함 지속

- 확률과 통계에서의 내신 경쟁력 하락
- 자연계열 실질적 수능시험 범위 축소
- 사탐·과탐 구분 폐지로 탐구에서의 경쟁력 약화

어찌 보면 이번 2028대입 개편의 가장 큰 피해자는 인문계열로 진학하려는 일반고 학생들일 겁니다. 우선 그동안 〈확률과 통계〉는 자연계열 학생들도 듣지만, 인문계열 학생들이 거의 다 듣는 과목이었습니다. 이번 개편안에서 수능과목으로 모든 학생이 보게 되므로 학교에서도 모든 학

생들이 이 과목을 이수하게 됩니다. 물론 지금도 〈확률과 통계〉는 자연계열 학생들도 이수를 많이 하는 추세기는 하지만, 고3 교육과정에 있는 경우 수능 선택인 〈미적분〉에 더 많은 시간 투자를 하므로 등한시하는 경우가 많았습니다. 이제는 이럴 필요가 없어집니다. 〈확률과 통계〉가 수능시험 공통과목이 되어버렸으니 자연계열에게도 열심히 해야 하는 과목입니다. 또한 그동안 듣지 않았던 일부 자연계열 학생들마저 모두 들어오게 되므로 **인문계열 학생들의 내신등급에서의 불리함은 증가합니다.**

2028대입 개편안에서 특히 **자연계열 학생들의 공부량이 대폭 감소합니다.** 수학에서 〈미적분〉과 과학탐구 2과목은 엄청난 공부량으로 유명한 과목들입니다. 이번에는 기존 〈미적분〉이 빠지고 공부량이 상대적으로 적은 〈확률과 통계〉가 들어옵니다. 탐구의 경우는 1학년 과목인 〈통합사회〉와 〈통합과학〉이 들어오므로 **역시 공부량이 대폭 줄어들게 됩니다.** (물론 인문계열 역시 탐구에서는 공부량이 줍니다) 여기에 기존 자연계열은 과학탐구를, 인문계열은 사회탐구를 선택했던 것이 이제는 통합으로 바뀌게 되므로 탐구에서도 **경쟁력이 강한 자연계열 학생들이 유리한 국면**이 만들어지게 됩니다.

결국 이번 수능 개편안은 인문계열 학생들에게는 가뜩이나 자연계열 학생들에게 밀리던 경쟁력이 더욱 밀려버리는 계기가 될 가능성이 매우 높습니다. 이는 순차적으로 국어에도 영향을 미칠 수밖에 없습니다. **자연계열 학생들에게 수학에서 줄어든 공부량은 국어에도 힘을 실을 수 있는 여지를 주기 때문입니다.**

수시에서 수능의 위력 강화

- 5등급제 ➜ 내신 약화 ➜ 수능최저 강화
- 특히 교과전형에서 최저 강화 가능성 ⬆
- BUT 수능 100 정시는 약화 가능성 ⬆

내신
수능 ✚ 학생부
면접

수시에서는 내신의 영향력이 절대적입니다. 하지만 5등급체계로 바뀌기 때문에 기존 9등급 체계에 비해서 내신의 위력이 줄 수밖에 없습니다. 따라서 당연히 대학들은 다른 요소를 추가할 가능성이 높습니다. **학생부를 추가할 것이고, 수능최저 기준을 강화**할 수 있습니다. 그렇다면 수시에서는 기존의 수능최저의 영향력보다는 더욱 커질 가능성이 높습니다. 그러므로 수시를 지원하려는 학생들은 수능최저 대비는 당연하게 준비해야 합니다. **대학은 여러 가지 상황을 고려하여 기존의 수능최저 수준을 강화할 가능성이 높습니다.**

물론 정시에서는 반대로 수능의 영향력이 떨어집니다. 9등급 상대평가는 유지되지만, 자연계열 중심으로 학습량이 대폭 줄기 때문에 **점수 인플레가 일어날 가능성**이 있습니다. 그렇다면 당연히 대학 입장에서는 수능 점수만으로 학생을 선발하기에는 변별력에 문제가 생길 수밖에 없습니다. 현재 일부 대학도 정시에 내신과 학생부를 보는 대학이 있습니다. 따라서 많은 것들이 바뀐 2028대입에서는 이 비중이 커질 수밖에 없습니다.

    고교학점제와 2028대입개편안은 기존 대학입시 체계에 엄청난 변화를 불러일으킬 수밖에 없는 환경을 만들고 있습니다. 단 하나의 요소만으로 학생들 선발하기에는 대학들은 부담을 느낄 수밖에 없습니다. **학생부 중심의 수시와 수능 중심의 정시에서 그 간격이 좁아지는 방향으로 갈 수밖에 없습니다.** 소위 이야기하는 **수시와 정시의 통합**이 머지않은 미래로 다가오게 됩니다. 또한 **내신과 학생부, 그리고 수능이라는 각 요소를 모두 요구하는 방향으로 가는 것이 2028대입개편안의 핵심**이라고 보면 됩니다.

chapter **3**

중학생이 해야 할
학습편

내신과 수능의 조화

현재 대입에서 **가장 비중이 높은 전형은 학생부교과**입니다. 내신이 가장 큰 평가 요소로 작용하는 전형입니다. 반면에 **서울권 대학에서 가장 비중이 높은 전형은 수능 중심의 정시**입니다. 정부의 수능 40% 정책으로 인해서 서울권 대학들은 생각보다 많은 비율로 정시에서 학생을 선발하고 있습니다. 결론은 고교학점제와 2028대입개편안에도 불구하고 여전히 대입에서 가장 중요한 요소는 내신과 수능이라고 할 수 있습니다.

즉 중학생들은 고등학교에 오기 전에 이 **두 가지를 중심으로 미리 준비**를 하는 것이 좋습니다. 물론 지나친 고등학교 과정의 선행이 필요한 것은 아닙니다. **자신의 수준에 맞춰서** 적당한 수준에서 준비하는 것은 바쁜 고등학교 생활을 대비하는 데 있어 도움이 됩니다.

자신의 수준을 고려하자

많은 중학생들은 특히 **수학을 중심으로 고등학교 선행학습**을 하고 있습니다. 내신과 수학에서 수학이 차지하는 비중이 엄청나기 때문에 그렇습니다. 대부분 사교육의 도움을 받아서 일단 앞으로 전진하는 모양새입니다. 하지만, 다수의 중학생들이 고등학교 수학 과정을 선행하고 나서 고등학교에 입학함에도 불구하고 왜 많은 고등학생들의 수학 성적은 그리 뛰어나지 않을까요?

이유는 간단합니다. 자신의 수준과 상황을 고려하지 않고 소위 '진도빼기' 형태로 수학 선행이 이루어지기 때문입니다. 중학교 때 아무리 대수(수학I), 미적분I(수학II)까지 진도를 나갔지만, 정작 고1 공통수학1(수학-상) 문제도 제대로 풀지 못하는 친구들이 수두룩합니다.

수학 선행에서 가장 중요한 것은 **'자신이 지원할 대학/학과' 수준 그리고**

'진학하려는 고등학교' 수준을 고려해서 준비를 해야 한다는 점입니다. 의치한약수와 같은 **최상위 학과**를 목표로 한다면 대수, 미적분 I 까지의 선행은 필요합니다. (이 수준의 학생들의 경우 이것을 해낼 역량을 이미 가지고 있을 겁니다) 진학하려는 고등학교 수준이 **자사고, 특목고, 지역 명문고** 정도라면 마찬가지로 이 정도 선행을 하는 건 무리가 아니라고 생각합니다. (이 정도 수준의 학교라면 고교생활이 매우 바쁘기 때문에 **어느 정도의 선행은 필수**)

하지만, 우리가 생각하는 **보통의 일반고 수준**의 고등학교라면 그런 정도의 수학 선행이 과연 필요할까요? 대수, 미적분 I 은 고등학교 2학년에서 학습하는 과목입니다. 시험도 입학 후 1년 이상 뒤에나 보는 과목입니다. 가장 중요한 것은 1학년 1학기 시험 범위인 공통수학1입니다. 공통수학 1,2 문제도 제대로 풀지 못하는 학생들이 대수, 미적분I의 진도를 나가는 것이 과연 의미가 있을까요? 중학교를 다니면서 대수, 미적분I을 진도를 나가더라도 최소한 중3 겨울방학에만큼은 다시 공통수학1을 다시 공부해야 합니다. 지금 가장 중요한 것은 공통수학1,2의 내신을 좋게 받는 것입니다.

중학교 수학은 끝내고 오자(특히 도형 파트)

중학교 수학문제도 어려운 학생들의 경우 고등학교 수학 선행을 하는 것 역시 큰 의미가 없습니다. 중학교 수학이 제대로 되어 있지 않다면, 고등학교 수학시험의 결과를 확인해 볼 필요도 없습니다. **수학이 어려운 친구들**은 먼저 중학교 과정의 수학 복습이 우선입니다. 특히 **도형 파트**의 경우 정리하고 오지 않으면 **고등학교 수학**에서 **낭패**를 볼 수 있습니다.

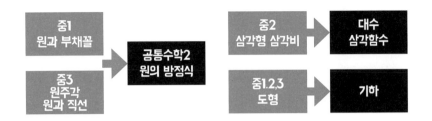

고등학교에서는 중학교 개념에 대한 복습을 진행하지 않습니다. 이것을 모두 안다는 가정하에 수업이 진행되기 때문입니다. 고등학교 수학의 선행도 중요하지만, 일단 기본이 탄탄해야 합니다. **기본을 무시하면 결코 고등학교에서는 좋은 성적을 거둘 수가 없습니다.**

기본 진도

수학 선행을 할 때 보통 개념 강의를 듣고 교재에 있는 유형 문제풀이로 이어집니다. 개념 강의를 통해서 개념을 익히고 공식을 암기한 상태에서 문제를 풀기 때문에 문제풀이에서 막히는 경우는 별로 없습니다. 이런 상황에서 **학생들은 자신이 그 파트에 대해서 모든 것을 이해했다는 착각에 빠집니다.**

사실 그런 유형 문제의 경우 해당 공식만 알고 있고, 그것을 그대로 적용만 해도 풀리는 문제가 다수입니다. **유형 문제를 잘 푼다고 그 파트를 잘하는 게 아닙니다.** 막상 단원 마무리 문제나 시험에서 해당 파트의 문제를 풀 때, 잘 안 풀리는 경우가 허다합니다. 유형 문제의 경우 문제의 발문이 짧습니다. 문제의 조건 역시 거의 없습니다.

실전 문제의 경우 문제 자체가 길고, 조건도 많이 붙습니다. 해당 공식을 암기했다고 해서 그 문제가 풀리는 것이 아닙니다. 그 파트에 대한 개념 이해가 제대로 되어 있지 않았기 때문입니다. 여기서 개념 이해라는 것은 '본인이 이해했다' 개념이 아닙니다. 그 '개념'을 '다른 사람에게 설명할 수 있느냐'의 문제로 접근해야 합니다. 이것이 되지 않으면 학생은 그 '개념'을 이해하지 못한 겁니다.

수학문제를 봤을 때 이 문제가 어떤 파트의 어떤 개념을 물어보는 것인지 파악하는 게 중요합니다. 실제 문항이 묻는 수학 개념을 다른 개념으로 잘못 이해하고 문제를 푸는 학생들이 생각보다 많습니다. 문제가 의도하는 개념파악. 이것 때문에 〈수학 개념의 완전 이해〉가 필요한 것입니다.

심화 진도

진학 예정(목표인)인 고등학교의 1학기 중간고사 문제를 풀어봤을 때, 90점 이상이 나오거나, 고1 3월, 6월 학평 수학을 2등급 이상 받을 수 있는 학생이라면 심화 단계로 넘어가는 것이 좋습니다. 시중에 가면 수학 심화 관련 교재가 많습니다. 특히 심화 교재에 있는 문제를 풀 경우 그냥 푸는 것보다는 시간을 정해놓고 푸는 것이 좋습니다. 보통 1문제당 3~4분 정도 시간을 잡고 풀어야 합니다. 심화 단계에 있는 친구들은 문제를 풀어서 맞추는 것도 중요하지만, 시간 내에 푸는 것 역시 중요한 항목입니다.

고등내신 시험시간은 50분, 모의고사 수학영역 시간은 100분입니다. 특히 모의고사의 경우 100분이라는 시간의 배분이 중요합니다. **중학생이라면 고1 학평 수학문제를 실제 100분을 정해놓고 풀어보는 경험을 꼭 해보아야 합니다.** 실제로 모의고사의 경우 어떤 문제를 먼저 풀고 나중에 푸는지, 문제 푸는 순서를 정하는 것도 일종의 전략입니다.

직접 종이에 풀자

많은 학생들은 요즘 교재를 잘 들고 다니지 않습니다. 특히 고등학생들의 경우 가지고 다녀야 하는 교재의 수가 많기에 PDF로 된 교재를 태블릿에 넣어서 다닙니다. 실제 공부를 할 때도 이 파일을 열어서 직접 태블릿에 문제를 풀고, 수업 내용을 적기까지 합니다.

문제는 **수학의 경우 직접 풀어야 하는 과목**입니다. 태블릿에 수학문제를 푸는 것은 편합니다. 잘못된 풀이를 지우기도 편합니다. 클릭 한 번이면 새로운 문제를 풀 수 있는 편리함도 있습니다.

하지만 **실제 시험은 종이 시험지입니다.** 태블릿에 푸는 느낌, 시험지의 공간을 활용하는 방식은 종이 시험지와 많이 다릅니다. 평상시 유형 문제풀이 정도야 태블릿을 이용하는 건 괜찮습니다만, 실제 시험을 대비하는 문제를 풀 경우는 무조건 종이 시험지에 풀어야 합니다. 직접 필기구를 쥐고 종이에 풀어야 합니다. 실전은 시간과의 싸움이며, 최대한 변수를 줄이는 싸움입니다. 그 미세한 차이가 결국 1, 2등급을 가르는 차이가 됩니다.

수학 포인트

- ☑ **자기 수준 고려한 선행**
- ☑ **중학 도형 파트 점검**
- ☑ **개념 이해가 매우 중요**
- ☑ **실제 시간 재면서 풀기**
- ☑ **직접 종이에 풀자**

영어 학습 포인트

수능영어와 내신영어는 다르다

중학교에서는 학교 시험에 나오는 영어 위주로 했다면 고등학교는 내신영어와 수능영어를 모두 준비해야 합니다. 둘 다 영어 역량을 측정하는 시험이지만, 출제방식과 구성, 평가 방식이 모두 다릅니다.

수능영어는 고3 11월에 치러지는 시험입니다. 이를 위해서 고1,2 학생들은 매해 3월, 6월, 9월, 11월(변동 가능)에 각 교육청에서 출제한 학력평가 시험을 치릅니다. (지역에 따라 3~4회) 반면 내신영어는 학기당 중간과 기말고사 2회의 시험을 치릅니다. 또한 수행평가가 성적에 합산됩니다. 시험의 내용도 수능은 100% 선택형 시험인 반면, 내신영어는 선택형과 서·논술형이 혼합된 시험입니다.

수능영어는 점수로 등급이 결정되는 절대평가인 반면, 내신영어는 5등급 상대평가로 등급이 결정됩니다. 시험 범위 역시 수능은 듣기와 읽기로 구

수능영어	VS	내신영어
1회(학평/모고 3~6회)		년간 4회(+수행평가)
선택형 시험		선택형+서술형
절대평가(9등급)		상대평가(5등급)
듣기/읽기		듣기/읽기/쓰기/말하기
범위없음		범위 학교마다 다름

성되지만, 내신영어는 듣기, 읽기, 쓰기, 말하기 4 skill을 모두 측정합니다.

특히 고등학교에서는 수행지옥이라고 불릴 만큼 빈번한 수행평가가 치러지며, 시험 범위 역시 중학교와는 비교도 될 수 없을 정도로 많아집니다. 중학교에서는 기껏해야 교과서 2과 정도지만, 고등학교에서는 **교과서는 기본이고 학력평가 문제나 부교재가 시험 범위에 포함되어 대략 30~40개의 지문이 시험 범위**가 됩니다.

내신영어 전략

영어 내신 시험 범위가 당연히 많기 때문에 **중학교에서처럼 지문 전체를 암기해서 시험을 준비하는 방식은 무리입니다.** (지문 40개를 어떻게 암기할까요?) 따라서 시험 범위가 발표되면 해당되는 지문을 **여러 번(10회 이상) 읽어보는 방식**으로 준비해야 합니다.

상대평가이므로 난이도가 높은 문제가 출제되기도 하므로 꼼꼼하게 지문을 분석해야 합니다. 생각보다 지엽적인(소위 쪼잔한) 문제가 나오기도 합니다. 특히 수능과는 다르게 내신영어에서는 **문법의 비중이 높으므로 문법 사항을 잘 정리해야 합니다.**(수업시간에 다루지 않은 문법도 나오기도 합니다. 중학교에서 모두 배우고 왔음을 전제로 수업을 합니다)

대부분의 서·논술형은 영작문제가 주로 출제되므로 지문에서 **중요한 문법 사항이 있는 문장을 따로 정리해서 그 부분만 암기하는 전략**이 좋습니다. **본문 전체를 외우는 전략은 불가능**합니다. (심지어 영어 지문을 변경해서 내기도 합니다) 특히 요즘 학생들은 번역기 프로그램에 대한 의존도가 매우 높아 영작 능력이 상당히 저조합니다. **평상시에 연습하지 않으면 영어 서·논술형에서 좋은 결과를 기대하기가 어렵습니다.**

수능영어 전략

수능영어는 듣기와 읽기로 구분됩니다. 듣기의 경우 일단 들리는 말이 어떤 어휘인지 알아듣는 것이 중요합니다. 따라서 **듣기 역시 어휘 학습이 필수**입니다. 잘 들리지 않는 부분은 반드시 스크립트를 확인하며 들어야 합니다. 다 듣고 나서 스크립트를 보며 **따라 읽으며 잘 들리지 않는 부분을 연습**하는 것이 중요합니다. 단어나 어구가 연음 등의 이유로 실제 어떻게 들리는지 파악하는 게 핵심입니다. 수능영어 듣기의 난이도는 그리 높지 않으므로 **매일 꾸준히 10~20분** 정도 해당 학년의 듣기 문제를 풀어본다면 충분한 준비가 될 겁니다.

읽기는 좀 다릅니다. 수능 문항은 유형이 다르며 유형에 따른 전략이 있습니다. 하지만, 지금 이 시점에서 수능문제를 맞추기 위한 소위 스킬을 배울 필요는 없습니다. 문제를 푸는 스킬은 기본적으로 구문에 대한 해석과 지문 전체에 대한 이해가 제대로 될 경우에나 효과가 배가 되는 법입니다. 더군다나 고1,2 모의고사 지문 수준과 고3의 모의고사 지문 수준 차이는 상당합니다. 고1,2 지문의 경우 원서의 내용을 출제자가 다시 한번 변형하지만, 고3의 지문은 원서 그대로 냅니다. 한마디로 문장과 지문의 뉘앙스의 차이가 심하다는 이야기입니다.

고1,2 모의고사에서 1,2등급을 받는 친구들도 고3 모의고사에서 1등급씩 하락하는 것은 비일비재합니다. 더군다나 수능영어의 경우 절대평가임에도 불구하고 1등급을 받는 수험생들의 비율(응시생 전체)가 상대평가 1등급 비율인 4% 정도 수준으로 나옵니다. 이를 고3 재학생들로만 한정한다면 2%도 안되는 경우도 허다합니다.

평가원 출제 영어 등급 분포

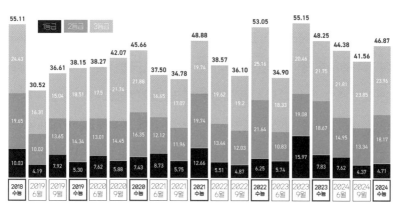

따라서 고1,2의 수능영어 전략은 기본에 충실해야 합니다. 구문에 대한 해석, 그리고 지문 내용에 대한 완전한 이해와 연습이 필요합니다.

영어 학습법

어휘 학습 | 영어 학습의 기본은 어휘입니다. 어휘가 되어 있지 않으면 듣기도, 독해도 모두 되지 않습니다. 어휘를 암기하는 방법은 개인별로 다릅니다. 하지만 **가장 중요한 것은 암기한 어휘를 다시 확인하는 겁니다.** 아무리 하루에 100개의 어휘를 외운다고 해도 다음 날이면 70개 이상은 잊어버립니다. 자신이 외운 어휘를 그때그때 확인해 보세요. 확인하는데 걸리는 시간은 5분이 채 되지 않습니다. 틈나는 대로 자투리 시간에 외운 어휘를 확인하는 것만으로도 놀라운 효과를 경험할 수 있습니다. **어휘 교재의 경우** 시중에 나온 교재의 수준은 비슷하므로 자신이 **산 교재의 완독과 회독에 집중**하세요.

문법 학습 | 고등 내신에서 **문법의 비중은 상당**합니다. 시험 범위도 많기도 하지만, 결국 내신영어의 변별은 문법문제로 해결합니다. 따라서 **중학 문법을 정리하고 고등에 올라와야 합니다.** 자신이 문법에 약하다고 생각한다면 중학 문법을 정리하는 **10강 정도되는 인강**을 듣고 정리하는 것도 좋습니다. 그런 다음 **고1 학평 어법 기출문제**로 어느 정도 대비해 보는 것이 필요합니다. 고등에서는 수업시간에 문법에 대한 내용을 그리 많이 다루지 않습니다. 수업에서 다루지 않은 문법 내용을 시험에 출제하기도 합니다. **고등에서는 문법문제에서 성과를 내지 못하면 좋은 내신 등급을 기대하기란 어렵습니다.** 수능 문법의 경우 1문항이 나오므로 내신 문법을 정리하면서 함께 준비하는 것이 효율적입니다.

구문과 독해 | 고등 영어의 구문과 독해는 중등 영어와는 급이 다릅니다. 고1, 고2, 고3의 수준이 다릅니다. 문장이 길어지고 구조도 복잡합니다. 어려운 구문이 나오면 따로 정리해서 자신만의 것으로 만들어야 합니다. **긴 문장의 구조 분석도** 해봐야 합니다. 너무 조급해하지 마세요. 고1에서 충분히 연습하고 오면 고2,3에서는 충분히 그 효과를 볼 수 있습니다.

Sleep clinicians/treating patients/who can't sleep at night/will often ask about room temperature,/and will advise patients/to (d) raise their current thermostat set-point/by 3 to 5 degrees/from that/which they currently use.

온도조절장치

their current thermostat set-point

2021.9. 고1학평

또한 어려운 문장을 그대로 번역하려고 애쓸 필요도 없습니다. 자신만 이해하면 되는 독해를 해야 합니다. 직독직해를 그대로 받아들이지 말고, **자신이 이해할 수 있는 방식으로 해석을 단순화시키고 이미지화해야** 합니다. 고등 영어에서의 구문과 독해는 소재도 어렵고, 문장 구조도 복잡하기 때문에 자신이 알기 쉽게 바꾸는 작업이 필요합니다.

If one looks at the Oxford definition, one gets the sense that post-truth is not so mucha claim that truth does not exist asthat facts are subordinate to our political point of view.

위 문장의 해석은 "옥스퍼드의 정의를 살펴보면 탈진실은 진실이 존재하지 않는다는 주장이 아니라 사실이 우리의 정치적 관점에 종속되어 있다는 의미라는 것을 알 수 있다"입니다. 하지만, 이대로 이해하지 말고, 단순화시켜서 '탈진실은 사실이 우리의 정치관에 따라 달라진다는 거구나' 정도로 이해하면 됩니다. 직독직해를 하되, 그 내용을 단순화시키는 연습을 해야 합니다.

영어 포인트

- ☑ 내신과 수능은 다르다
- ☑ 내신 준비 : 암기로는 X
- ☑ 어휘는 확인이 중요
- ☑ 중학 문법 정리 필수
- ☑ 구문이해는 단순화

국어 학습
포인트

내신과 수능 모두 준비를

국어는 영어와 마찬가지로 **내신과 수능 모두 준비하는 연습**을 해야 합니다. 수능의 경우 영어와 마찬가지로 국어는 단시간에 효과가 나지 않는 과목이기에 꾸준히 준비해야 합니다. 특히 비문학 파트(독서)는 더욱 그런 경향이 강합니다. 처음 보는 문제 스타일이므로 미리 기출문제풀이로 눈에 익혀야 할 필요가 있습니다.

중3 겨울방학 때에는 이미 올라갈 고등학교의 교과서를 받았거나, 어떤 출판사인지 알고 있으므로 **중간고사 시험 범위까지는 살펴봐야** 합니다. 주로 **문학 파트와 문법 파트**로 구성되므로 이에 대한 기본개념까지 해놓아야 합니다. 또한 내신 시험시간은 50분이지만, 모의고사 시간은 80분이므로 **고1 3월 학평 기출문제를 실제 시간을 재면서 풀어보는 연**습을 해야 합니다.

비문학 파트 대비

수능에서 **비문학 파트는 학생들이 어려워하는 영역**입니다. 킬러 문항이 출제되지 않는 최근 수능의 경향에도 불구하고 **긴 지문과 처음 보는 지문**이라는 문제 때문에 여전히 어려워하는 문항입니다. 더군다나 특정 시험 범위가 있는 것이 아니기에 족집게 강의 같은 것으로 대비하기가 어렵습니다. 그래서 **비문학 파트는 꾸준히 준비**하는 것이 필요합니다. (물론 비문학 파트도 소위 스킬이라는 것이 존재합니다)

중등에서는 이런 스타일의 문제를 본 적이 없습니다. 고1 3월 학평에서 비문학 지문을 보게 되면 일단 **무척이나 긴 지문에 당황**하게 됩니다. 비문학 파트는 글의 요점과 키워드를 파악하고 중요 문장을 파악하는 역량이 필요합니다. 따라서 **평상시에도 독서 등을 통해서 독해력과 읽는 속도 향상을 도모해야 합니다.** 그리고 교과서나 고1 학력평가 문제풀이 연습을 통해서 문제 해결 능력을 끌어올릴 필요가 있습니다. 특히 비문학 지문의 경우 대부분의 해설지에는 지문에 대한 **'정보구조도'**가 있습니다. 이를 보고 자신도 지문 분석을 해보는 연습이 필요합니다. **지문에 나온 인과관계, 사례, 반례 등을 파악하고 문제와 연결 짓는 연습을 정보구조도를 통해서 해봐야** 합니다.

특히 문제 자체를 맞고 틀리고에 집중하는 것이 아니라 **'내가 생각한 답'과 '해설지에 나온 정답'의 이유를 비교·분석해 보는 것이 중요합니다.** 그러한 것을 알기 위해서는 해설지를 꼼꼼하게 읽어보는 것이 핵심입니다. 평소에는 잘 읽지 않던 **국어 해설지는 꼭 읽어보는 습관**을 가져야 합니다. 어차피 비문학 파트는 수능이라는 긴 여정을 위해서 차근차근 빌드업하는 준비가 필요합니다. 길게 볼 필요가 있습니다.

문학 파트 대비

문학의 경우 고등학교마다 교과서가 다르기에 문학작품에 대한 학습을 미리 할 필요까지는 없습니다. 하지만, **문학과 관련된 이론과 용어** 정도는 제대로 정리하고 와야 합니다.

자신이 진학할 고등학교가 정해졌다면 겨울방학에서는 1학기 중간고사 시험 범위에 해당하는 작품에 대한 분석까지 해두면 좋습니다. 고전문학의 경우 기본적인 어휘, 시대적 배경, 갈래, 구조 등에 대한 이론적 개념을, 기타 문학의 경우 주제, 구성, 문체, 인물, 사건 등에 대한 학습이 필요합니다. 시의 경우 대상과 표현법, 정서, 시적 상황을, 고전시가의 경우 표면적 해석과 이면적 해석의 차이를 중심으로 학습해야 합니다. 문학은 문제풀이보다는 개념 이해 위주의 준비를 하는 것이 좋습니다.

문법 어휘 파트 대비

문법 파트 역시 **기본개념 위주로 학습**을 해두는 것이 좋습니다. 특히 고1 내신 중간고사 시험 범위에 속하는 음운변동이나 한글 맞춤법 등은 인강 등을 통해서 미리 살펴보는 것이 유리합니다.

국어 어휘도 중요합니다. 특히 요즘 학생들은 독서 활동의 부족으로 문해력이 약합니다. 중학교에서는 어찌어찌 버텼지만, 고등에서는 **어휘가 중요**합니다. 요즘은 시중에 좋은 어휘 교재가 많이 나와 있으므로 고등에 올라오기 전에 **완독을 할 필요**가 있습니다. 또한 서술형을 대비해서 글씨 연습도 해두는 것이 좋습니다.

국어 포인트

- ☑ 내신과 수능 준비 병행
- ☑ 비문학 파트 연습 필요
- ☑ 문학은 기본 이론&개념
- ☑ 문법은 음운변동, 맞춤법
- ☑ 어휘도 익혀야 한다

탐구(사회·과학) 학습 포인트

고등학교 1학년에서 배우는 탐구과목은 〈통합사회〉와 〈통합과학〉입니다. 예전에는 1학년에만 배우는 과목이라서 그리 신경 쓰지 않았습니다. 하지만 2028대입에서는 수능 탐구과목에 속하게 돼서 이에 대한 관심이 높아지고 있습니다. 결론부터 이야기를 하자면, 급한 과목들은 아닙니다. 굳이 선행이 필요할까라는 생각까지 듭니다. 어차피 수능을 대비해서는 고3에 올라가서 다시 해야 하는 과목들입니다. 수능문제까지 대비할 필요는 없다는 이야기입니다.

대신 1학년 내신에는 들어가기 때문에 어느 정도 준비해 놓으면 도움이 될 겁니다. 여기서 그래도 좋은 것은 **통합사회와 통합과학에서 배우는 개념은 중학교 개념**이라는 점입니다. 새로운 점을 배우는 것이 아니고 중학교 개념을 바탕으로 융합적인 내용으로 학습이 이루어집니다. 따라서 중학교 때 배웠던 사회와 과학 개념을 정리한다는 마음으로 한번 훑고

오면 좋습니다. 중요한 것은 **국어, 수학, 영어라는 기초과목을 탄탄하게 하고 고등으로 올라와야 한다**는 점임을 잊지 말아야 합니다.

혼자 공부 = 진짜 공부

간혹 학생들과의 상담에서 공부시간을 물어볼 때가 있습니다. 보통 학생들은 자신들이 학원이나 인강을 들은 시간까지 공부시간에 포함해서 답변을 합니다. 단호하게 말씀드립니다. 강의를 듣는 시간은 공부시간이 아닙니다.

중등에서도 그렇지만, **고등에서 가장 중요한 것은 자신이 학습한 내용을 자신의 것으로 만드는 것입니다.** 바로 **이것이 혼공**(순공이라고도 합니다)입니다. 책상에 앉아서 공부하는 시간을 확보하는 것이 중요합니다. 자신이 하루에 공부하는 시간을 실제로 체크해 보고, 이를 바탕으로 하루 공부시간을 설정해놓고 과목별로 할당하는 것이 혼공의 기본입니다.

휴대폰은 멀리

학생들의 공부를 가장 방해하는 것은 다름 아닌 '휴대폰'입니다. 현대인에게서 이제 뗄래야 뗄 수 없는 휴대폰이지만, 공부에 한해서는 정말로 도움이 1도 안되는 녀석입니다. 특히 요즘 학생들에게는 가장 소중한 물건이기도 합니다. 자신이 공부를 할 때 휴대폰이 근처에 있다면 그것 하나만으로도 이미 학생은 공부에 집중을 할 수가 없습니다. 시도 때도 없이 울리는(아니면 진동으로) 메시지나 카톡 알림 소리는 공부의 방해 요소입니다. 잠깐만 쉰다고 휴대폰을 보지만 수십 분이 훌쩍 지나가는 마법을 보이기도 합니다. 공부를 할 때 가장 먼저 해야 하는 일은 문제집을 펴는 것도, 필기도구를 준비하는 것도 아닙니다. **휴대폰을 방에서 치워야 하는 것입니다.**

책상에서 치우거나 가방에 넣지도 마세요. 그냥 자신의 방 밖으로 내놔야 합니다. 거실에 무음으로 놔두세요. 가장 좋은 방법은 전원을 끈 채로 부모님께 공부하는 동안 맡겨놓는 겁니다. 아무리 의지가 강하더라도 내 옆에 있는 휴대폰의 유혹을 이겨내는 학생은 없습니다. **당장 방에서 휴대폰을 치우세요.**

공부목표는 시간이 아닌 양으로 설정하자

보통 학생들은 공부목표를 시간으로 합니다. 하루에 4~5시간을 공부하고자 합니다. 사실 시간 단위 공부계획은 그리 효과적이지 않습니다. 사람의 심리상 목표를 정하면 그 목표 자체에 집중하게 됩니다. 하루 2시간을 수학공부를 하겠다고 하면 몇 개의 문제를 풀든 2시간만 채우면

목표를 달성했다고 생각합니다. **공부계획은 시간이 중심이 아닌 양 중심으로 해야** 합니다. 오늘은 영어 지문 10개를 풀겠다. 수학은 10페이지를 풀겠다 식으로 계획을 세워야 합니다. 시간에 얽매이지 마세요. **자신이 세운 목표량을 채웠으면 과감하게 자신에게 보상을 줘도 됩니다.** 자신의 목표가 채워지면 남는 시간은 유튜브를 보던, 책을 읽던 휴식을 주는 겁니다. 아니면 다른 공부를 해도 됩니다.

혼공 포인트

- ☑ **혼공(순공)이 중요**
- ☑ **강의 < 혼공이 우선이다**
- ☑ **휴대폰을 방에서 치우자**
- ☑ **공부목표는 과목별 학습량으로 세우자**

chapter **4**

중학생이 해야 할
탐구편

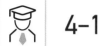

탐구란 무엇인가?

탐구 : 학생이 학습을 위하여 필요한 내용을 스스로 조사하여 찾아내거나 얻어내는 활동

탐구의 정의입니다. 고등학교에 올라오면 많이 듣는 용어가 바로 '탐구'입니다. '학업역량'에도 포함되고, '진로역량'에도 포함되는 매우 중요한 역량입니다. 이렇기에 대학이 학생들에게 요구하는 역량이 바로 '탐구력'입니다.

다음 페이지에서 보는 것처럼 '탐구활동'의 영역은 매우 다양합니다. 내신공부도 탐구가 되고, 독서도 되고, 신문기사를 읽는 것도, 영상을 보는 것도 탐구활동이 될 수 있습니다. 하지만, **탐구활동에는 목적이 있어야** 합니다. 그냥 아무거나 한다고 모두 탐구가 될 수는 없습니다. 탐구의

목적은 단순합니다. 자신이 궁금한 것에 대한 답을 찾아가는 과정, 그게 바로 탐구의 목적이자 바로 그 자체라고 이해하면 됩니다.

탐구활동을 어려워하는 친구들을 많이 봅니다. 하지만, 대부분 탐구활동 그 자체를 어려워하기보다는 '시작' 자체를 하기 힘들어합니다. 공부야 학원이나 인강, 학교수업이 그 방향을 알려주니 수동적이든 능동적이든 시작 자체를 할 수가 있습니다. 물론 탐구활동도 누군가가 시켜서 할 수 있습니다. 하지만, 공부와는 달리 교과서나 참고서가 있는 것이 아닙니다. 기본적으로 '일단 실천' 해야 시작이 되는 것이 바로 탐구활동입니다.

중학교에서야 탐구활동 자체가 큰 의미가 있지 않습니다. 시험 자체에도 의미 부여를 하지 않는 중학생들에게 탐구활동을 해봐라 하는 것은 어불성설일 수도 있습니다. 하지만, 많은 학생들이 수학이나 영어는 고등학교 선행을 하지 않습니까? 고등학교에 올라오면 해야 할 것이 많고, 특히 내신이나 수능 준비를 미리 하는 것이 유리하다는 것을 알기 때문에 교과에 대한 선행학습을 하는 것입니다.

그렇다면 왜 우리나라 대학입시에서 중요하고, 그리고 고교학점제에서 더욱 중요성이 부각될 탐구활동은 미리 해보지 않는 걸까요? 선행학습을 하는 이유가 고등학교에서의 학습 부담을 낮추기 위해서라면, **중학교에서 탐구활동을 해보는 것도** 같은 효과를 볼 수 있습니다.

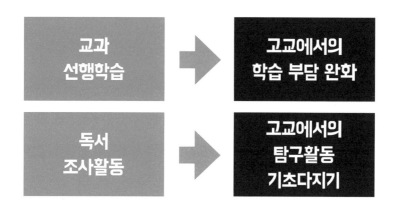

중학교 단계에서 고등학교처럼 보고서활동이나 실험활동과 같은 거창한 탐구활동을 하라는 것이 아닙니다. (물론 해본다면 정말로 도움이 됩니다) **탐구활동의 기초라고 할 수 있는 독서나 조사활동 같은 것을 미리** 해 보는 단순한 것을 해보라는 겁니다. 고등학교에 올라오면 해야 할 것이 많기에 **탐구활동의 기초를 다지는 개념으로** 보면 됩니다. 별거 아니지만 이런 활동은 고등학교에서 탐구활동을 하는 데 있어 큰 도움을 줄 것입니다.

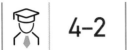

탐구활동의 기초

독서는 가장 쉬운 탐구활동이자 기초에 해당하는 활동입니다. 독서는 초등학생들도 할 수 있는 활동입니다. 그만큼 학생들의 생활에서 큰 부담 없이 접근할 수 있는 활동입니다. 다만, 단순히 책을 읽는 것에 그치는 것이 아니라, 책을 선정하는 과정부터 조금은 고민을 해봐야 하는 것이 차이점이라면 차이점이라고 할 수 있습니다.

어떤 책을 고를까

기본적으로 자신이 관심 있는 분야와 관련된 것을 읽어보는 것이 좋습니다. 하지만, 관심이 가는 분야를 학생이 잘 알 수 없다면, 다양한 책을 대상으로 삼는 것도 좋습니다. 아니면 중학교 필독 독서나 각종 추천도서 가운데서 골라도 상관없습니다. 꼭 전공과 관련된 도서가 아니어도 좋습니다. 고전문학도 좋습니다. 무협지나 판타지 소설, 혹은 웹소설만 아니면 됩니다. (혹자는 이거라도 읽어보라고 하지만, 개인적으로는 동의할 수 없습니다. 그런 글은 너무 호흡이 짧습니다) 지금 중요한 것은 '일단 읽어 보는 것'입니다.

완독을 해보자

독서는 일종의 '습관'이 필요합니다. 누가 시켜서 읽건, 본인이 좋아서 읽건 독서라는 것은 어느 정도의 시간이 필요한 활동입니다. 독서의 습관화가 이루어지지 않으면 고등학교에서 읽게 될 분량이 많은 독서를 해내기가 힘이 듭니다. 굳이 책을 한 번에 읽지 않아도 상관없습니다. 틈틈이 시간이 날 때마다 조금씩 읽는 것도 좋습니다. 중요한 것은 '책을 읽는 것'을 당연히 여겨야 한다는 것입니다.

앞에서 이야기했다시피 중요한 것은 '일단 읽어보는 것'입니다. 그것도 끝까지 읽어보는 '완독'을 해야 합니다. '완독'을 통해서 일종의 성취감을 느껴보는 것이 중요합니다. 책이란 호흡이 긴 이야기입니다. 필자는 자신이 이야기하고자 하는 바를 책 전체를 통해서 펼쳐나갑니다. 더군다나 긴 글을 잘 읽지 않는 요즘 학생들에게는 이 과정이 필요합니다. 책을 다 읽어봐야 필자가 의도한 것을 알게 되고, 그 분야에 대한 이해도가 올라가게 됩니다. 물론 고등학교에 가서는 일부만 읽는 '발췌독'을 해야 할 경우가 있습니다. 하지만 지금은 아닙니다. 지금은 완독이 중요합니다.

읽고 난 후가 중요하다

책을 다 읽은 다음, **다시 그 책을 읽어보는 것**도 좋습니다. 처음보다 좀 더 속도가 붙을 것이며, 이해가 되지 않았던 부분도 다시 읽을 경우 이해가 되기도 합니다. 전에는 보이지 않았던 것이 보이기도 합니다. 이것을 우리는 '**회독**'이라고 합니다. '회독'은 비단 독서에서만 중요한 것이 아닙니다. 나중에 **교과 공부를 할 때도** 중요한 것은 '다시 읽기', 즉 '회독'입니다. 우리 두뇌는 한 번에 모든 과정을 처리하지 못합니다. 하지만, 다시 보거나, 경험하게 될 경우 알지 못하는 것을 알게 되는 일종의 '각성' 혹은 '업그레이드'가 됩니다. '회독'은 책을 통해서 얻는 지식을, **자신의 것으로 온전히 만들 수 있는 효과적인 방법**입니다.

책을 읽고 난 후 그 책에 대해서 써보는 활동을 해보는 것이 좋습니다. 일종의 서평을 써보는 겁니다. 책의 내용을 요약도 해보고, 인상 깊었던 내용이나 장면을 자신만의 언어로 써봅니다. 또한 그 부분에 대한 자신의 생각을 글로 표현해 보는 것도 좋습니다. 이런 활동은 나중에 탐구활동으로 확장하거나 심화되는 단초를 주기도 합니다.

신문기사, 잡지기사 읽기

책의 장점은 특정 분야에 대한 세부적인 정보를 알려준다는 점에 있습니다. 하지만, 분량도 많고, 신간 도서가 아니라면 세상이 변하는 속도를 따라잡기가 힘든 부분도 존재합니다. 특히 자연계열을 선호하는 학생들의 경우 각 분야에 대한 새로운 이론이나 상황들에 대해서 관련 정보를 알 필요가 있습니다. 이럴 때 필요한 것이 바로 '기사'입니다.

독서와 기사는 '결'이 다릅니다. 독서는 특정 주제에 대한 폭넓고 깊은 내용이 '글쓴이'의 생각이 가미되어 펼쳐지는 세상입니다. 기사는 글쓴이의 생각보다는 '팩트' 중심이고 아주 작은 분야에 대한 내용을 담고 있습니다. 독서는 긴 호흡으로 읽어야 하고 기사는 짧게 읽어야 합니다. 특히 기사는 호흡이 짧기 때문에 읽기가 편합니다. 여기에 **최신 트렌드**를 가장 빠르게 접할 수가 있습니다.

인터넷에서 볼 수 있는 기사도 좋지만, 자신이 관심분야와 관련된 전문분야의 잡지가 특히 좋습니다. 신문기사는 분량이 그리 길지 않아 읽기는 편하지만, 그리 전문적이지는 않습니다. 하지만, 특정 분야의 잡지라면 좀 더 세부적인 내용이 들어갑니다. 보통 이런 잡지는 월간으로 나오기는 하지만 군이 구독할 필요는 없습니다. 한 권만 구입하고 이를 심층적으로 봐도 좋습니다. 도서관에서도 언제든지 대출이 가능합니다. 특히 자연계열의 학생들이라면 과학잡지를, 상경계열의 학생들이라면 경제잡지를 읽어보는 것을 추천 드립니다. 웬만한 논문 읽는 것보다 나을 수도 있습니다. 해당 분야에 대해서 꽤 자세하게 설명이 되어 있어 고등학교에 올라가서도 탐구활동에 활용하면 좋습니다. 중학생의 경우 이런 기사를 읽어보고 자신의 관심사를 좁혀나가는 도구로 삼으면 됩니다.

추천 과학 잡지

월간뉴턴 과학동아 www.dongascience.com
사이언스타임즈 www.sciencetimes.co.kr

추천 경제 잡지

이코노미스트 https://economist.co.kr
한국경제신문 생글생글 https://sgsg.hankyung.com

기사를 읽고 **기사 스크랩**을 하는 것은 도움이 됩니다. 기본적으로 기사를 분석할 수 있고, 이를 자신의 탐구활동과 어떻게 연계할지 구상해 볼 수 있는 기회를 제공해 줍니다. **기사 내용을 적고**, 이를 **요약**하는 것도 좋습니다. 그리고 여기에 **자신이 생각을 첨부**하면서 **질문거리**를 던져가

서진이의 경제 잠망경

자신이 만든 이름

원본 기사 :
http://news.khan.co.kr/kh_news/khan_art_view.html?artid=2021
04141510001&code=970100#csidx6e2f2ed7e8d70be943e91a34
01a9893

기사 주소

수에즈 운하 사고 '후폭풍' 시작됐다
이집트 국영매체 알아흐람은 13일(현지시간) 이집트 법원이 수에즈 운하에
좌초돼 통행을 막은 에버기븐호의 선주 쇼에이 기센에 9억1600만달러(약
1조284억원)를 배상하라는 명령을 내렸고, 이에 따라 수에즈운하청(SCA)이
에버기븐호를 압류했다고 보도했다. 수에즈운하청은 선박에 실린 화물도
압류했다.

기사 내용

대형컨테이너선인 에버기븐호는 지난 달 23일 알 수 없는 이유로 수에즈
운하에 좌초됐다. 컨테이너선이 운하를 가로막으면서 이곳을 지나던 다른
선박 300~400여체가 장시간 정박했고, 일부는 더 많은 비용이 발생할 수는
곳으로 우회했다. 정박사태가 장기화되면서 세계 경제가 마비될 것이라는
전망까지 나왔다. 좌초 엿새만인 26일 에버기븐호는 가까스로 인양됐고
통행은 재개됐지만, 발생한 손해규모를 어떻게 정산할 것인지 누가 얼마나
책임을 질 것인지 공방이 시작됐다. 수에즈운하는 국제무역의 약12%를
차지하고, 이집트는 통행료만으로 국내총생산(GDP)의 2%를 벌어들인다.

사진/도표
(꼭 넣어줄 것!)

서진이의 Comment

교과서에서나 보던 수에즈 운하가 이번에는 전세계에
자신의 이름을 알린 사건이 터졌다. ~~~

본인의 의견
핵심 포인트!

후속 활동 암시

며 좀 더 살펴보고 싶은 내용을 적어본다면, 나중에 연계될 **탐구활동의
소재**로 사용할 수도 있습니다.

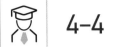
발표자료
만들어보기

보통 학교에서 발표를 할 때 사용하는 자료는 PPT(파워포인트)를 사용합니다. PPT는 나중에 대학교나 사회에 진출하고서도 사용할 프로그램이기 때문에 어느 정도 사용법을 미리 숙지해놓으면 좋습니다. 고등학교에서는 중학교와는 달리 수업시간이나 창체시간에 발표를 하는 경우가 많습니다. 발표하는 주제를 잡고, 이를 요약한 PPT를 만들어보세요. 내용은 상관없습니다. 일단 해보는 것이 중요합니다. 미리캔버스(www.miricanvas.com)같은 플랫폼에서 무료로 사용할 수 있는 템플릿이 많으니까 한번 연습해 보길 추천드립니다. 뒤편에서 다룰 탐구활동편에서 좀 더 자세한 사용법을 알아보기로 하겠습니다.

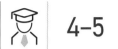

AI도
사용해 볼까?

지금은 AI 태동기라고 할 만큼 많은 곳에서 AI에 관련된 내용이 나오고 있습니다. 자신의 전공분야와 관련된 내용이라면 탐구활동의 소재로도 좋습니다. 그리고 당연히 실제로 사용도 해보는 것이 좋습니다. chat GPT, 바드, 뤼튼 등 다양한 AI 프로그램이 많습니다. 시간이 지날수록 이런 AI 프로그램들의 발전 속도는 점점 빨라질 겁니다. 앞으로 사회가 필요한 인재는 이러한 AI 프로그램을 얼마나 잘 사용할 수 있느냐에 따라 평가될 수도 있습니다.

아직은 **AI 프로그램이 모든 것을 해주지는 않습니다.** 정확한 사실을 알려주지 않는 경우도 많습니다. AI 프로그램이 알려주는 내용이 **사실과 부합하는지를 알아내는 것도 중요한 역량**입니다. 이러한 것을 할 수 있으려면 지금 바로 해보는 것이 좋습니다. 아무래도 고등학교에 올라가면 해야 할 것들이 많으니까, 조금이라도 여유가 있는 지금 **AI 프로그램의**

기본 사용법을 익혀보는 것이 효과적입니다. 다만, 조심할 것은 너무 의존할 필요는 없다는 겁니다. 보고서나 실험 보고서와 같은 최종 산출물을 AI에게 만들어내라는 것은 당장은 편할지 모르지만, 결국 자신의 역량 발전에는 조금도 도움이 되지 않을 겁니다. **자료 수집이나 추천 자료** 같은 것을 찾는 데에는 도움을 받는 선에서 사용하면 좋을 것 같습니다.

나중에 고등학교에 올라서 AI를 사용할 때 '화학분야에 관련된 탐구주제를 찾아줘', '화학 관련 탐구보고서를 써줘'처럼 **단순하게 질문을 해서는 안 됩니다. AI를 사용할 때에는 질문(프롬프트)를 세부적으로** 써주어야 합니다. 예를 들어 화학분야에 대한 주제를 찾고 싶을 경우 '나는 고등학생 1학년인데, 화학과 신소재에 대한 주제 5가지를 알려줘'라고 먼저 써줍니다. 그러면 AI는 5개의 주제를 알려주겠죠? 그럼 그중 하나를 골라서 다시 세부적인 질문을 해주어야 합니다. 그래야 질문자 본인이 원하는 답변과 유사한 수준의 정보를 얻을 수 있습니다. 이건 한두 번 해봐서 되는 것이 아니기에 지금부터 미리 준비해두는 것이 좋습니다.

지금은 결과보다 과정이 중요하다

대부분의 중학생들은 탐구활동을 해보기보다는 고등학교에서 배울 교과 선행을 할 가능성이 높습니다. 고등학교 과정을 미리 선행학습을 통해서 준비하는 것은 좋습니다. 아무래도 고등학교에서의 생활이 바쁘고, 내신뿐만 아니라 수능까지 신경을 써야 하므로 **지금의 선행학습은 도움이 됩니다.**

하지만, 2028대입개편안의 여파로 이제 학생부교과든, 수능 위주의 정시든 내신이나 수능만으로 학생을 선발하기보다는 **여러 가지를 섞어서 평가도구로 쓸 확률이 높습니다.** 특히 교과세특의 활용도가 높아질 가능성이 높으므로 탐구활동도 신경을 써야 합니다. 탐구활동의 경우 학교 시험과는 달리 단기간 내에 학생의 역량을 보여주기가 힘듭니다. 교과 선행 수준까지는 아니더라도 기본적인 탐구활동도 훈련이 필요합니다. 독서나 기사분석 같은 단순한 활동이라도 해보는 것과 안 해보고 올라가는 것은 큰 차이를 보이게 됩니다.

많은 시간을 들일 필요는 없습니다. 하루 단 30분만 투자하세요. 책도 읽어보고, 자신이 관심 있는 분야의 기사도 읽어보세요. 읽어보면서 질문도 생각해 보세요. 그 질문이 바로 여러분이 탐구해야 할 '탐구 소재'가 됩니다. 또한 시간 여유가 있다며, 그것을 요약한 글을 써보고 PPT로 만들어도 보세요. 고등학교에서의 탐구활동을 하는 데 있어서 생각보다 큰 도움이 될 겁니다.

chapter **5**

고등학교에서
달라지는 것들

고등생활 핵심 포인트!

- 상대평가(경쟁 심화)
- 수업 방식과 시험 범위
- 학생부 관리(창체+탐구활동)
- 계획이 중요
- 체력과 멘탈 관리

중학교와는 다른
성적 체계

고등학교에 와서 체감적으로 느끼는 중학교와의 차이점은 바로 '경쟁'입니다. 중학교의 경우 시험이 존재하기는 하지만, 절대평가였고, 시험 범위라던가 시험의 난이도가 그리 높은 편은 아니었습니다. 자사고나 특목고 등 일부 고등학교를 지원하는 학생들의 경우에는 성적에 대한 부담이 있었지만, 대부분의 학생들은 그렇게 성적에 연연해 하지 않았습니다.

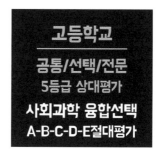

	1 등급	2 등급	3 등급	4 등급	5 등급
구간 비율	10%	24%	32%	24%	10%
누적 비율	10%	34%	66%	90%	100%

중학교 A 맞는 학생들의 범위

이전 9등급 체계에서는 3.4등급까지임

➡ **1등급대는 받아야 인서울 중상위권 대학 지원 가능**

하지만 고등학교에 올라오면, 모든 것이 달라집니다. 기본적으로 성적 자체가 경쟁을 할 수밖에 없게 만드는 **상대평가이므로 수행평가나 시험문제 하나에도 신경을 쓸 수밖에 없습니다.**

비록 2022개정교육과정에서의 상대평가는 5등급으로 급간 차이가 줄기는 하지만, 절대평가만 받아온 중학생들에게는 생소한 평가입니다. 옆의 친구가 경쟁자가 되는 시스템이다 보니 문제 하나에도 예민할 수밖에 없습니다. 내가 몇 점 맞냐가 중요한 게 아니라 남보다 내 점수가 높냐가 상대평가의 핵심이기에 어쩔 수가 없습니다.

더군다나 중학교에서 우수한 학생이라고 평가받는 A등급 학생들은 보통 학교에 따라서 20~40%의 비율을 보입니다. 이를 고등학교 5등급 상대평가에 대입하면 **중학교에서 A등급 학생들은 고등학교에서는 1~2등급을 받게 되며, 심할 경우에는 3등급도 받을 수 있게 됩니다.** 한마디로 중학교에서 A를 받았다고 자신이 고등학교에서도 비슷한 성적을 유지할 거라는

'환상'에서 벗어나야 합니다. 경쟁이 없는 절대평가에서 얻은 우수한 성적은 경쟁이 치열한 상대평가에서의 우수한 성적과는 전혀 상관이 없습니다. 중학교에서 A를 받은 수많은 친구들이 고등학교에 와서 치른 중간고사에서 난생처음 받아본 성적을 받는 경우가 허다합니다. 절대로 A등급을 받았다고 방심하면 안 됩니다. 고등학교에서의 성적과 평가는 중학교에서의 그것과는 비교도 할 수 없습니다.

고등학교

공통/선택/전문
5등급 상대평가

사회과학 융합선택
A-B-C-D-E절대평가

◐ **사회과학 융합선택 9개**

여행지리, 역사로 탐구하는 현대 세계. 사회문제 탐구, 금융과 경제생활, 윤리문제 탐구, 기후변화와 지속 가능한 세계, 융합과학 탐구, 과학의 역사와 문화, 기후변화와 환경생태

◐ **보통 2~3학년 과목**
◐ **무조건 A를 받아야**

고등학교에서도 중학교에서처럼 **절대평가** 과목이 존재합니다. **사회·과학 융합선택과목**의 9과목이 그렇습니다. 보통은 2,3학년에서 선택하게 되는 과목입니다. 절대평가 과목이므로 아무래도 상대평가 과목보다는 내신대비가 수월합니다. 하지만, 이를 대학이 어떻게 평가할지는 대학마다 다릅니다. 보통 대학들은 성적이 나오는 상대평가 과목을 더 선호하는 경향이 있습니다. 하지만, 이러한 선택과목이 고3에 배치된다면, 아무래도 수능 준비 부담이 있는 학생들에게는 나름의 여유를 주기 때문에 고민을 해봐야 하는 상황입니다.

또한 A–B–C–D–E 평가에서 무조건 A를 받아야 합니다. B를 받는다면

감점이 되기 때문입니다. A를 받는 것은 그리 어려운 일은 아니니 성실하게 준비하면 A를 받을 수 있습니다. 대신에 원점수도 대학에 가는 자료이니 **높게 받아야** 합니다.

달라지는
수업시간과 시험

고등학교에서의 수업시간은 중학교에서의 45분에서 5분 늘어난 50분 수업입니다. 더군다나 2학년부터는 선택과목이 있어서 **이동수업이 이루어집니다.** 고교학점제가 실시되므로 그 이전보다 더 많은 이동수업이 이뤄질 것이 분명합니다. 이동수업의 단점은 간단합니다. 자신이 **고정적으로 공부하는 자리가 사라지는 겁니다.** 일부 과목을 제외하고는 대부분의 수업이 이동수업이므로 **쉬는 시간을 이용하는 공부전략에 문제가 생길 수도 있습니다.** 그리고 매번 자리가 바뀌므로 **수업시간에 대한 적응도 역시 떨어질 수도 있습니다.**

또한 중학교와는 다르게 **고등학교의 시험 범위는 많습니다.** 정말로 많습니다. 교과서와 프린트만 시험 범위였던 중학교와는 다르게 대부분의 고등학교에서는 **교과서 외 부교재나 학력평가를 시험 범위에 넣습니다.** 부교재는 문제집을 의미합니다. 부교재의 시험 범위가 교과서보다 많은 경우도 허다합니다. 따라서 중학교에서처럼 **벼락치기로 시험을 준비하는 것은 거의 불가능합니다.** 시험 범위가 공지가 되면 철저하게 준비해야 합니다. 대부분의 시험이 상대평가로 치러지므로 완벽하게 대비를 해야 좋은 결과를 볼 수 있습니다.

- 공부량이 많다
- 시험 범위가 많다
- 벼락치기 불가능
- 교과서+부교재 (문제집/학평)

　고등학교의 수행평가는 그 악명이 자자합니다. 과목마다 수행평가가 치러지는 건 중학교와 같습니다. 하지만, **상대평가이므로 수행평가에서도 최선을 다해야 합니다.** 시험을 준비하듯이 준비해야 좋은 결과를 볼 수 있습니다. 수행평가도 시험점수와 합산하여 내신성적이 결정됩니다. 문제는 고등학교 과목은 **과목도 많고 수행평가의 시행 횟수도 많습니다.** 3월부터 수행평가가 시작되는 과목도 있으며, 중간고사와 기말고사 중간 1달 정도에 대부분의 수행평가가 치러지기도 합니다. 오죽하면 '수행지옥'이라는 말이 있습니다. 더군다나 수행평가의 준비 과정이나 결과물의 내용이 교과세특에도 들어가기도 하므로, 내신에 들어가니 시험공부하듯이 완벽하게 준비할 필요가 있습니다.

고등학교

50분 수업
이동수업
많은 시험 범위
잦은 수행평가
탐구활동

◉ 잦은 수행평가
(ft. 과목마다)

◉ 수행 '지옥'?

◉ 수행많고 횟수 많고

◉ 성적에도, 세특에도

고등학교에서는 수업시간에서의 **모든 모습이 교과세특에 기록될 수 있습니다.** 중학교에서야 학생부에 어떤 내용이 들어가든 대부분의 학생들은 신경 쓰지 않았습니다. 하지만, 고등학교에서는 그렇지 않습니다. 학생부 자체가 대입 전형에서의 평가도구로 사용되므로, 수업시간에도 열심히 하는 모습을 보여줘야 합니다. 더군다나 2028대입에서는 학생부가 평가 요소로 들어가는 전형이 확대되므로 어떤 전형을 준비하더라도 신경을 써야 합니다.

수업시간에서의 활동에는 성실히 참여해야 합니다. 해당 과목의 선생님과 긍정적인 관계를 맺는 것도 중요합니다. 수업 중 벌어지는 협업활동에는 수동적이기보다는 적극적으로 임하는 모습을 보여줘야 합니다. 또한 수업의 내용이나 학교활동에서 배운 것을 교과 내용과 연계해서 자신의 탐구역량이 교과세특에 기재될 수 있도록 노력해야 합니다. 발표뿐만 아니라 보고서도 미리 작성해서 제출해야 합니다. **이제 단순히 교과 성적만 좋다고 좋은 대학에 가는 시절이 아닙니다.**

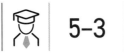

기본적인
월별 스케줄

3월 │ 학기가 시작되는 시기입니다. 고등학교라는, 전과는 완전히 새로운 환경에서의 적응이 필요합니다. 학급에서는 회장, 부회장 등의 임원을 선출하며, 창체활동의 꽃이라고 불리는 동아리 가입도 이뤄집니다. 그리고 중학교 3학년에 배운 내용을 시험 범위로 하는 3월 학력평가가 월말에 치러집니다. 고등학교에 올라와서 치르는 전국단위 시험입니다. 좁은 중학교에서 인정받은 절대평가 점수가 아닌 전국의 같은 학년의 학생들과의 위치를 알 수 있는 학력평가입니다.

4월 │ 드디어 고등학교에서의 첫 번째 내신 시험인 중간고사 시험 범위가 발표됩니다. (학교에 따라서 3월 말에 발표되기도 합니다) 생각보다 많은 시험 범위가 공지되므로 한 달 동안 공부계획을 짜야 하고, 완벽하게 공부하도록 노력해야 합니다. 교과별로 수행평가가 본격적으로 시작됩니다. 수행평가 시기는 보통 학기 초에 모두 발표되니 미리 준비해야 합니다. 시기에 따라서 같은 날 수행평가가 겹치기도 하므로 주의해야 합니다. 월말부터 중간고사가 시작됩니다.

5월 | 4월 말부터 시작되는 중간고사가 3~5일 동안 치러집니다. 선택형 시험과 서술형 시험이 치러지므로 **시험시간 배분도 전략**을 세워야 합니다. **시험이 끝나면 각종 학교행사가 시작됩니다.** 수학여행이나 수련회, 아니면 체육대회가 열리기도 합니다. 이 와중에 여전히 과목별 수행평가는 시행됩니다. 보통 이 시기에 **2학년에 선택하게 될 교과에 대한 설명회가 열리기도 합니다.**

6월 | **1학기 기말고사 시험 범위가 공지됩니다.** 중간고사 결과에 따라 더 준비를 해야 하는 친구들도 있을 겁니다. 중간고사에서 원했던 성적이 나오지 않은 친구들은 **1학기 성적은 [중간고사+기말고사+수행평가]의 합산**이므로 기말고사에서 보완해야 합니다. 어느 정도 선생님들의 출제 스타일에 적응을 했으므로 **공부전략을 이에 맞춰서 바꾸기도 해야 합니다.** 1학기 동안 여러분을 괴롭혔던(?) **수행평가가 마무리가 되는 시점입니다.** 보통 기말고사 전에 모든 수행평가가 끝이 나고 결과까지 확인 마무리가 됩니다. 지역에 따라서 **6월 학력평가**를 보기도 합니다.

7월 | 드디어 **1학기 기말고사**입니다. 기말고사가 끝이 나면 **2학년에서 배우게 될 교과의 선택 사전작업**이 이루어집니다. 사전조사 기간에 선택

한 과목은 2학기 최종 선택에서 변경이 가능합니다. 기말고사가 끝나고 방학 전까지 2주간의 시간이 있습니다. **학교자율교육과정(이전 수업량 유연화)**라고 해서 이 기간 동안 진로 탐색활동이나 **융합수업활동**이 이루어집니다. 그리고 **1학기 학생부 작업이 마무리**가 됩니다. 전과는 다르게 1학년 1학기부터 각 교과별 학생부 기재가 이루어지므로 **최선을 다해서 본인의 역량을 드러내는 내용과 탐구활동이 기재되도록 노력해야 합니다.** 또한 여름방학 방과후수업 신청도 하게 되며, 여름방학이 시작됩니다.

여름방학 | 수학이 약한 친구들은 2학기 과목인 〈공통수학II〉의 선행을 무턱대고 하기보다는 1학기 〈공통수학I〉에 대한 복습을 해봅니다. 여유가 있다면 2학기 교과과정에 대한 선행을 합니다. 1학기 학생부가 나왔기에, 이를 분석하고 2학기에 보완해야 할 부분을 미리 준비합니다. 특히 탐구활동에 대해서 2학기에 무엇을 해야 할지 준비해야 합니다.

8월 | 방학이 끝나고 개학이 시작됩니다.

9월 | 2학기 중간고사 일정과 시험 범위가 공지됩니다. 마찬가지로 2학기 교과별 수행평가가 시작됩니다. 9월 초 고1 1학기 범위로 해서 학력평가가 치러집니다. 중3을 시험 범위로 한 3월 학평과는 다른 결과가 나올 수 있습니다. 그리고 2학년 선택교과의 2차 사전조사가 이루어지기도 합니다.

10월 | 2학기 중간고사가 치러집니다. 그리고 수행평가도 역시 지속

됩니다. **2학년 선택교과의 선택 작업이 마무리되는 시점**입니다. (학교에 따라서 11월에 될 수도 있습니다) 이 기간 수학여행, 수련회, 체육대회 등 학교행사가 진행됩니다.

11월 | 2학기 기말고사 시험 범위가 공지되며 각 교과별 **2학기 수행평가가 마무리**됩니다. **11월 학력평가**가 치러집니다.

12월 | 2학기 기말고사가 치러지며, 그 후 **학교자율교육과정활동**이 진행됩니다. 이후 **2학기 학생부 작업 및 확인 작업**이 이루어집니다. 겨울방학 방과후수업 선택이 있고 겨울방학이 시작됩니다.

겨울방학 | 2학년 선행을 위한 **윈터스쿨**이 시작됩니다. 많은 학생들이 겨울방학을 활용하여 많은 학력신장을 이루고자 합니다. **2학년부터 본격적으로 교과의 내용이 어려워집니다.** 미리 준비해야 할 필요가 있습니다. 여기서 중요한 것은 수학처럼 위계가 있는 것은 무작정 선행을 하기보다는 **공통수학을 한 번 더 본 후, 대수와 미적을 들어가는 것이 좋습니다.** 또한 다른 사람이 한다고 그걸 자신의 방법으로 여기고 무작정 따라 하는 것도 좋지 않습니다. 자신에게 맞는 전략과 공부방식이 있기 때문에 이걸 **파악**하고 해야 합니다.

또한 교과 공부만 선행이 필요한 것이 아닙니다. 학기 중에 탐구활동을 병행하는 것이 어렵다는 것을 아는 상황이므로 **2학년에 할 탐구활동을 미래 준비**해 보는 것이 좋습니다. 1학년 활동에 연계되는 독서를 한다던

월별 스케줄

3월	☐ 동아리/학급 임원 ☐ 3월 학평(중3 범위)
4월	☐ 1학기 중간고사 시험 범위 공지 ☐ 각 교과별 수행평가 실시
5월	☐ 1학기 중간고사 + 수행평가 지속 ☐ 학교행사(체육대회/수학여행 등)
6월	☐ 1학기 기말고사 시험 범위 공지 ☐ 수행평가 실시 및 마무리
7월	☐ 1학기 기말고사 ☐ 2학년 선택교과 사전작업 ☐ 1학기 학생부 작업 및 확인 ☐ 1학기 학교자율교육과정(1~2주) ☐ 여름방학
여름 방학	☐ 1학기 공통수학 복습 ☐ 2학기 과정 선행 ☐ 1학기 학생부 분석 ☐ 2학기 탐구활동 구상
8월	☐ 방학 및 개학
9월	☐ 2학기 중간고사 시험 범위 공지 ☐ 각 교과별 수행평가 실시 ☐ 9월 학평(고11학기 범위) ☐ 2학년 선택교과 선택
10월	☐ 2학기 중간고사 + 수행평가 지속 ☐ 2학년 선택교과 마무리(~11월) ☐ 학교행사(체육대회/수학여행 등)
11월	☐ 2학기 중간고사 시험 범위 공지 ☐ 각 교과별 수행평가 실시 및 마무리 ☐ 11월 학평
12월	☐ 2학기 기말고사 ☐ 2학기 학생부 작업 및 확인 ☐ 2학기 학교자율교육과정(1~2주) ☐ 겨울방학 (1월)
겨울 방학	☐ 1학년 과정 복습(공통수학) ☐ 2학년 1학기 과정 선행 ☐ 1학년 학생부 분석 ☐ 2학년 탐구활동 구상

가, 받은 교과서에서 탐구활동을 할 만한 주제를 미리 정해보는 것은 2학기 탐구활동에 여유를 줄 것입니다.

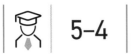
공부에도
계획이 중요하다

　중학생들이 고등학교에 오면 놀라는 것 중 하나가 해야 할 것들이 너무 많다는 것입니다. 수행평가의 횟수도 많고 중요성도 높습니다. 시험은 말할 것도 없습니다. 여기에 중학교에서는 전혀 신경 쓰지 않았던 학생부의 부담이 너무 많습니다. 따라서 고등학교에서 제대로 해내려면 계획을 잘 세워야 합니다. 단순히 공부를 열심히 하겠다가 아닙니다. 하루 공부계획부터 월 공부계획까지 꼼꼼하게 세울 필요가 있습니다.

　중학교와는 달리 내신 공부분만 아니라 수능 공부도 해야 합니다. 1학년 때는 수능 공부가 그리 부담은 되지 않습니다. 하지만, 국어(특히 비문학 파트)와 영어는 어느 정도는 꾸준히 해내야 합니다. 이 두 과목은 단시간에 역량이 오르는 것이 아니므로 꾸준하게 '감'을 익혀야 합니다. 하루에 얼마 정도 공부하겠다라는 **목표량을 정해놓고** 이를 실천하는 자세를 가져야 합니다.

수능 공부	고사 공지	내신 공부	지필 고사	수능 공부	고사 공지

내신예습 수능 공부	방학	수능 공부	지필 고사	내신 공부

여기에 학교에서 이뤄지는 여러 이벤트별로 철저하게 준비해야 합니다. 그 이벤트가 학교행사건, 탐구활동이건, 수행평가건, 미리 준비해야지 중학교에서처럼 벼락치기로 하겠다라는 자세를 버려야 합니다. 고등학교의 경우 대부분의 이벤트 일정이 미리 공지가 됩니다. 일정을 살펴보고 자기 나름대로의 계획을 세워야 합니다. 이게 제대로 되지 않는다면 결국 어떤 부분을 포기해야 하는 상황이 나오게 되며, 이는 **입시전략 카드가 하나씩 사라진다는 것을 의미합니다. 입시에서는 손에 쥔 카드가 많을수록 유리합니다.**

이벤트별 철저한 준비

- 각 이벤트별 계획이 중요하다
- 모든 이벤트는 미리 공지된다
- 수행평가/행사 많다 ➜ 시험처럼 준비하자
  ➜ 준비를 미루지 말자!!

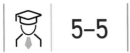
고등학교의
창체활동 중요도

창제	총 18학점
자율자치	주제탐구활동, 적응 및 개척활동, 프로젝트형 봉사활동, 사제동행, 공동체자치활동, 지역연계활동
동아리	학술, 예술, 스포츠, 놀이 동아리 교내봉사활동, 지역사회 봉사활동, 청소년 단체활동
진로활동	자아탐색, 진로이해활동, 직업이해활동, 정보탐색활동, 진로준비활동, 진로계획활동, 진로체험활동

　창의적 체험활동(창체활동)은 학교의 교육과정 내에서 진행하는 모든 활동을 의미합니다. 보통은 학교활동을 의미하기도 합니다. 예전에 비해서 중요도가 줄어들기는 했지만, **학생부의 기재 내용 축소 이후 평가 요소가 줄어들었기에 여전히 중요한 평가 항목으로 인식됩니다.** 학생부 기재 분량 면에서도 생각보다 많은 내용이 들어갑니다.

자율자치	500자
동아리	500자
진로활동	700자

학생부종합전형에서는 당연히 중요한 평가 항목에 해당합니다. 특히 학생이 가진 **진로역량과 탐구역량**을 제대로 보여줄 수 있습니다. 학교활동과 연계시켜 **활동의 확장과 심화**를 보여줄 수도 있습니다. 특히 **주제 선택**에 있어서 자유도가 높아서 탐구활동을 하기에 좋습니다. 하지만 학교활동에 참여만 하는 수준이 된다면 오히려 평가 면에서 박한 평가를 받을 수도 있습니다. 학교활동에 대한 내용 기재보다는 그 활동을 계기로 다른 탐구활동으로 확장, 심화되는 방식으로 활용해야 합니다. 또한 많은 학교활동에 참여하기보다는 **선택과 집중**을 통해서 자신의 트레이드 마크가 되는 활동으로 만들어야 합니다.

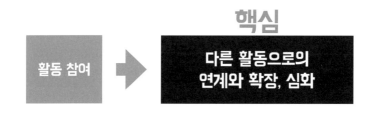

본인이 한 활동에 너무 많은 의미 부여를 할 필요는 없습니다. 그것을 학생부에 모두 넣으려고 한다면, 활동 참여에 대한 나열식 기재를 볼 수밖에 없습니다. 중요한 것은 참여와 활동의 기재가 아니라 그 활동을 계기로 확장·심화되는 탐구활동입니다.

    대부분의 학교활동은 **연간 활동으로 공지**가 됩니다. 학교 공부에 무리가 되지 않는 수준으로 참여할 활동에 대한 계획을 세우고, 어떤 활동을 어떤 식으로 연계하고 확장할지 고민해 봐야 합니다. 특히 **창체활동의 핵심은 전공(계열)과 관련된 탐구활동**이라는 것을 잊으면 안 됩니다.

> ## 창제활동 포인트
>
> ☑ **학종평가에 들어가는 중요 함목**
>
> ☑ **학교활동 참여는 성실도 평가**
>
> ☑ **무조건 참여보다는 선택과 집중 필요**
>
> ☑ **일정은 공지된다 ➜ 계획을 세우자**
>
> ☑ **창체의 핵심은 연계된 탐구활동**

탐구활동,
이제는 해야 한다

중학교에서는 공부만 하면 됐습니다. 하지만 고등학교에 와서는 **탐구활동도 해야 합니다.** 이제 탐구활동은 학생부종합전형에서만 평가하는 활동이 아닙니다. **학생부교과전형뿐만 아니라 정시에서도 평가를 하는 요소입니다.** 따라서 학생들은 교과세특과 창체활동에 기재해야 하는 탐구활동을 준비해야 합니다.

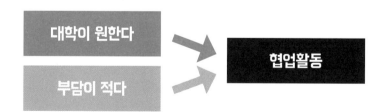

개인이 하는 활동뿐만 아니라 친구들과 팀을 이뤄서 하는 **협업활동도 진행해야 합니다.** 대학은 개인의 역량도 보지만, 그 학생이 다른 학생들

과 얼마만큼 협력하고 의사소통을 하는지도 살펴봅니다. 또한 **협업활동**의 경우 개인탐구활동보다 학생이 지는 부담이 적습니다. 개인활동이 편하기는 하지만, 모든 과정을 혼자 해내야 합니다. 협업의 경우 팀 구성이 귀찮을 수도 있지만, 일을 나눠서 하므로 일이 더 수월할 수 있습니다.

매번 말 하지만,탐구활동은 갑자기 툭 하고 나오면 안 됩니다. 학생부의 다른 영역이나 다른 활동에서 그 활동의 이유와 동기를 짐작해야 합니다. 즉, 다른 활동과의 연계가 이루어질 수 있도록 계획해야 합니다. **독서, 논문탐색, 기사분석, 교과수업, 수행평가, 학교활동** 등 탐구활동의 시작은 다른 활동이어야 한다는 것을 잊지 말아야 합니다.

중학교에서 탐구활동을 해 본 적이 없는 친구들은 고등학교에서 시행착오를 겪게 될 확률이 높습니다. 이전이라면 모를까 이제 **고등학교 1학년**은 1학기부터 학생부 기재가 시작됩니다. 중학교에서 미리 독서나 기사탐색 등을 미리 해보면 도움이 됩니다.

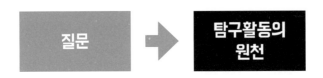

평소에 별거 아닌 것에 대해서 **의구심을 가지고 질문**을 해봐야 합니다. 그 질문에 대한 답을 찾는 과정이 바로 탐구활동입니다. 책을 읽거나 기사를 읽으면서 "왜 그럴까?" 아니면 "그러면 이렇게 하는 게 어떨까?" 등의 질문을 하는 습관을 가져야 합니다.

이게 쉬울 것 같지만, 생각보다 힘듭니다. 그리고 귀찮기도 합니다.

하지만 이런 질문을 해보고, 그걸 매개로 생각을 확장해 나가면 분명히 좋은 탐구활동으로 이어지게 됩니다.

탐구활동 포인트

- ☑ **반드시 해야 한다**
- ☑ **다른 활동, 수업등과 연계**
- ☑ **질문하는 습관을 가져보자**
- ☑ **미리 해보고 오자(독서, 기사탐색)**

 **5-7**

다양한
방과후활동

　방과후활동은 중학교에서도 많이 하고 있습니다. 하지만, 고등학교에 올라오면 그 중요도가 달라집니다. 진로활동이나 탐구활동은 학생부에 기재가 되기 때문에 학생들의 관심도가 높습니다. 특히 진로 특강이나 학과 탐색 등을 통해서 애매했던 자신의 관심사를 좀 더 명확하게 할 수 있으며, 탐구활동으로의 확장도 가능합니다.

**진로
활동**

**탐구
활동**

**방과후
수업/
자율학습**

　방과후수업의 경우 학생부 기재는 불가합니다. 주로 교과 수업 위주로 진행되지만, 학교에 따라서 탐구활동을 위한 준비단계활동으로 활용하는 경우도 많습니다. 이런 방과후수업의 경우 탐구활동이 낯설은 학생들에게는 꽤 도움이 되기도 합니다. **야간자율학습**의 경우 학생들의 동선을 짧게 해주므로 효율적인 **혼공시간 확보**를 제공해 주기도 합니다. 이런 방과후활동을 잘 활용한다면 시간이 부족한 학생들에게 시간 활용에 있어서 효율적 운영이 가능하게 합니다.

결국
고등학교는 입시다

내신+수능 ➡ 입시의 기본

　현실적으로 우리나라에서 고등학교 생활은 대학입시를 위한 준비단계라고 할 수 있습니다. 예전과는 다르게 대학을 간다고 해서 성공을 보장해 주는 시대는 아니지만, 여전히 좋은 대학과 학과에 대한 수요는 존재합니다. 고등학교는 그러한 수요가 직결되는 시기입니다. 그러므로 고등학교에서의 **모든 활동은 입시와 연결될 수밖에 없습니다.**

　따라서 자신의 목표 대학이나 학과에 맞는 입시전략을 짜는 것이 꼭 필요합니다. 고등학교 생활은 언제나 시간이 부족하며, 이런 상황은 모든 고등학생에게 동일합니다. 하지만 이렇게 주어진 **시간을 어떻게 활용**

하고 배치하느냐는 입시의 성공을 좌우하기도 합니다.

중학교에서는 겪지 못했던 경쟁, 그리고 그 경쟁에서 우위를 차지하기 위한 노력과 전략을 생각해야 합니다. 이런 고려 없이 고등학교 생활을 준비하는 것은 다소 무모할 수 있습니다. 이를 위해서 많은 중학생들이 고등학교 과정을 선행하는 것입니다.

전략이 무엇이든지 간에 **가장 중요한 것은 자신에게 가장 유리하고 적합한 방법을 찾는 것입니다.** 하지만 어떤 선택이건 간에 기본은 존재합니다. 대학입시에서 기본은 바로 '내신'과 '수능'입니다. 고교학점제에서 숫자로 나타나는 학생 역량의 위력은 이전과 비교해서 다소 떨어지는 것은 사실입니다. 하지만 입시에서 **가장 쉽게 학생의 역량을 평가할 수 있는 것은 바로 그 '숫자'입니다.** 이전보다 좋은 내신과 수능 점수를 얻을 수 있는 환경이지만, 바꿔 말해서 좋은 내신과 수능 점수를 얻지 못하면 더 치명적이 될 수 있음을 의미하기도 합니다.

공부시간 확보 ➡ 성적의 차이

자신의 학습 패턴과 역량을 분석하고 최적의 학습방법을 찾아야 합니다. 그러기 위해서 많은 전문가와 학교 선생님과의 상담이 필요합니다. 또한 어떤 방법을 찾든지 간에 중요한 것은 기본적인 공부역량을 올리는 '혼공'시간을 얼마만큼 확보할 수 있느냐입니다. 아무리 좋은 강의를 듣더라고 그것을 자신의 것으로 소화하지 못한다면 소용없습니다. 남이 알려준 최적의 공부방식을 자신의 것으로 만드는 과정이 바로 '혼공'입니다.

고등학교에 오면 많은 활동으로 인해서 공부시간 자체가 부족합니다.

하지만, 이것은 모든 학생들이 겪게 되는 상황입니다. 1등급을 받는 친구들의 특징은 이 부족한 시간을 효율적으로 사용하고, 버려지는 시간을 최소화해서 어떻게든 공부시간을 짜내려고 노력한다는 점입니다. 공부시간이 부족하다면, 자신이 쓰는 시간 중 무의미하게 버려지는 시간이 무엇인지 찾아봐야 합니다. 학교에서의 쉬는 시간이 될 수도 있고, 점심시간이 될 수도 있습니다. 아침에 일어나서 학교에 가는 그 사이 시간이 될 수도 있습니다.

이렇게 버려지는 소위 '자투리' 시간을 어떻게 활용하는지가 중요합니다. 하루에 1시간이라도 확보한다면 1년이면 365시간입니다. 이런 시간들이 모여서 결국은 성적의 차이를 만들어낸 다는 것을 꼭 기억해야 합니다.

일단 물어보고
해보자

또한 중학교와는 다른 고등학교 생활에 대해서 모르는 것이 있다면 언제든 그 답을 찾고자 노력해야 합니다. 학습이든, 입시든, 탐구활동이든 궁금한 것이 있다면 부모님이든, 학교 선생님이든, 학원 선생님이든 상관없습니다. 혼자 끙끙 앓는 것은 소용없습니다. **물어보고 해결책을 찾아봐야 합니다.** 한마디로 **능동적인 생활 패턴**을 가져야 합니다. 해결책을 찾으면 이를 본인에게 적용하려고 해야 합니다. 결국 학습이든 탐구든 학생 본인이 해야 하는 과제입니다.

일단 해보기 바랍니다. 시행착오를 두려워하지 말아야 합니다. 고등학교에서는 일단 해보는 것이 중요합니다. 그래야 그것이 본인에게 적합한 것인지 아닌지 알 수 있습니다. 해봐서 맞지 않으면 다른 것으로 빨리 바꿔야 합니다.

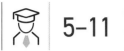

자기 자신의
관리가 중요하다

　고등학교 생활은 단기전과 장기전이 섞여 있습니다. 학교 시험은 짧게는 2개월마다 돌아옵니다. 모의고사는 3개월입니다. 그리고 결국 **대학입시는 3년이라는 시간을 두고 준비해야 하는 경쟁의 장입니다.** 여러분은 이렇게 긴 기간을 두고 준비한 적이 없습니다. **체력도 길러야 하고 멘탈도 챙겨야 합니다.** 이 두 가지를 모두 관리해야 이 장기전에서 본인의 목표를 이룰 수 있습니다.

건강을 놓치면 결국 며칠간의 계획이 어그러집니다. 건강하게 학교생활을 하는 것이 기본입니다. 여기에 스트레스 해소법을 가지는 것이 좋습니다. 너무 공부만 하다 보면 어느 순간 허탈해지는 순간이 옵니다. 어느 정도 자신의 목표량을 해냈다면 나머지 시간은 보상으로 자신에게 주는 것도 좋습니다. **건강과 스트레스 관리 역시 중요한 입시전략 중 하나입니다.**

chapter **6**

수시 vs 정시
그것이 문제로다

전형별 특징을 알아야 한다

전형별 핵심 요소

학생부 교과	학생부 종합	논술	정시 (수능)
내신 수능최저 교과세특 면접	내신 학생부 면접	논술 수능최저	수능 내신 학생부

　　이전 대학입시에서 전형별 핵심요소가 매우 달랐습니다. 교과면 내신과 수능최저, 학종은 학생부, 논술은 논술과 수능최저 그리고 정시는 수능이 핵심 평가 요소였습니다. 하지만 고교학점제를 바탕으로 한 2028 대입 개편안에서는 이러한 흐름에 변화를 주게 됩니다. 앞서 이야기했

지만, 내신은 상대평가 5등급으로, 수능은 수능과목과 범위 변경으로 변별력 확보가 어려워졌습니다. 대학들은 당연히 다른 평가 요소를 추가할 수밖에 없을 것이고 당연히 남아있는 **학생부와 면접을 활용할 가능성이 높습니다.** 물론 각 전형에서 가장 비중이 높은 평가 요소는 존재하므로, 어떤 부분을 중심으로 준비해야 할지 고민해 봐야 합니다.

수시와 정시 구분은 그리 어렵지 않습니다. 수능을 중심으로 이전에 접수를 하는 전형을 '수시', 이후에 접수를 하는 것을 '정시'라고 합니다. 수시는 학생부교과-학생부종합-논술-실기전형으로, 정시는 대개 수능 위주전형과 실기전형으로 선발합니다.

전형별
모집 비율(2025대입기준)

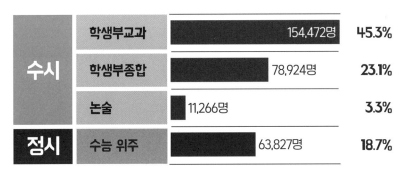

전국 대학 비율

수시	학생부교과	154,472명	45.3%
	학생부종합	78,924명	23.1%
	논술	11,266명	3.3%
정시	수능 위주	63,827명	18.7%

대학입학전형에서 **전국에서 가장 많은 비율을 보여주는 것은 학생부교과 전형입니다.** 2025대입기준으로 절반에 가까운 45.3%를 차지하고 있습니다. 학생부종합전형은 23.1%로 뒤를 따르고 있으며, 확대가 된 수능 위주 정시전형은 의외로 18.7%에 그치고 있습니다. 하지만, **학생들의 선호도가 높은 서울지역의 비율을 보면 상황은 반전됩니다.**

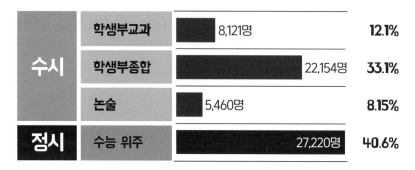

서울 20개 대학 비율

수시	학생부교과	8,121명	12.1%
	학생부종합	22,154명	33.1%
	논술	5,460명	8.15%
정시	수능 위주	27,220명	40.6%

　서울 주요 20개 대학을 기준으로 보면 **수능 위주 정시가 무려 40.6%를 선발합니다.** 수시 이월을 고려하자면 이 비율은 실제 더 높을 것으로 보여집니다. 학생부종합전형은 33.1%를 차지하고 있고, 교과전형의 경우 12.1%로 전국에 비해 낮은 비율을 보입니다. 논술 역시 전국 대비 2.5배 정도 늘어난 비율을 보여줍니다.

　전국과 서울에서의 전형 비율을 보면 알 수 있듯이, **자신의 목표 대학에 맞춰서 자신의 지원 전형을 결정해야** 한다는 것을 알 수 있습니다. 하지만 이 비율은 고교학점제가 적용되는 2028대입전형에서는 큰 변화를 보여줄 가능성이 높습니다. 2028대입전형에 대한 내용은 2026년 4월에 발표됩니다.

학생부교과전형
살펴보기

가장 안정적인 수시 카드

기본적으로 학생부교과전형은 학교 내신을 기반으로 하기 때문에 일반고 재학생들에게 가장 친화적인 전형이라고 할 수 있습니다. 내신에 대한 비중이 가장 높기 때문에 상대적으로 내신이 좋을 수밖에 없는 일반고 상위권 학생들이 지원을 많이 합니다. 학교장 추천이나 교과전형으로 선발합니다.

내신 중심으로 학생을 선발하기에 **전년도 입결(입시결과)에 대한 의존도가 높습니다.** 보통 '어디가(www.adiga.kr)'나 대학교 입학처에 공개되

는 내신은 50%나 70%에 해당하는 내신이 공개가 됩니다. 합격권에 해당하는 내신 점수가 있으므로 이를 참조하여 수시 지원에서 안정적인 지원이 가능해집니다.

내신의 비중이 높다

교과전형은 대학 전형 중에서 **내신의 비중이 가장 높은 전형입니다.** 하지만 **대학마다 반영하는 교과가 다르며, 절대평가로 평가되는 과목의 반영 여부나 방식 역시 다릅니다.** 따라서 특정 대학을 정해놓고 입시를 준비하지 않는 이상 모든 과목에 최선을 다하는 것이 적절합니다. 재수나 정시를 위해서도 **3학년 2학기 내신에 소홀히 하면 안 됩니다.** 또한 수행평가와 지필고사에 최선을 다해서 좋은 점수를 받도록 해야 합니다. 자신이 자연계열에 지원한다고 해서 인문계열 과목을 소홀히 해서도 안 됩니다. 요즘은 전과목을 반영하는 대학이 많아지기 때문입니다. 어찌 되었든 자신의 지원 전형이 아직 정해지지 않은 고1,2학생들은 모든 교과의 수행평가와 지필고사에 최선을 다해서 일단 좋은 내신을 받아둬야 합니다.

수능최저가 붙는다

수도권 4년제 대학의 **학생부교과전형**에서는 대부분 **수능최저가 붙습니**

다. 고등학교 별로 내신의 수준 차이가 다르기 때문에 이를 보정하기 위해서 대학은 최소한의 안전판 역할을 하는 수능최저를 설정합니다. 특히 상위권 대학의 경우 만만치 않은 수능최저 등급을 요구합니다.

2025 주요대학 교과 수능최저

고려대	3합7	연세대	2합4/5
서강대	3개3	성균관대	3합6/7
한양대	3합7	중앙대	3합7/4합5
경희대	2합5/3합4	시립대	3합7
외대	2합4		

아무리 내신성적이 좋더라도 수능최저를 맞추지 못하면 합격하지 못합니다. 보통 이러한 수능최저를 충족하는 **수능최저 충족률은 40~50%**에 불과합니다. 즉, 학생부교과전형을 지원하는 학생들의 절반 정도가 대학에서 요구하는 수능최저를 맞추지 못한다는 뜻입니다. 가끔 수능최저가 없이 면접 등의 요소와 결합된 교과전형이 존재하지만, 경쟁률이 매우 높습니다. 선호도가 높은 대학의 상당수는 학생부교과전형에서 수능최저를 요구하고 있기 때문에 학생부교과전형을 염두에 두고 있는 학생들은 수능 준비에 모자람이 없어야 합니다.

이제는 달라지는 교과전형
고교학점제에서는 내신 산정이 기존 9등급에서 5등급으로 바뀌기 때문에 2028대입에서는 각 전형별로 큰 변화가 예상됩니다. 특히 내신의 비중이 컸던 **학생부교과전형의 경우**, 그 영향이 더 크다고 할 수 있습니다. 각 등급당 해당하는 인원이 대폭 증가하고, 상대평가로 평가되는 과목의 수가 증가하므로 대학은 변별을 위해서 내신 이외의 **다른 평가 요소**를 추가할 것이 분명합니다.

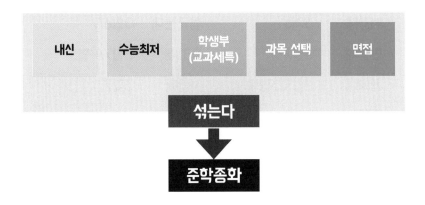

수능최저는 지금보다 더 강화될 여지가 높습니다. 수능과목과 학습량 감소로 인해서 수능에서도 변별력이 떨어질 가능성이 높기 때문에 기존의 수능최저보다는 강화할 수 있습니다. 또한 일부 대학이 실시하고 있는 **교과세특평가와 면접도 확대될** 가능성이 높습니다. 한마디로 **교과의 학종화**가 진행될 확률이 높습니다.

따라서 기존처럼 내신과 수능 준비만으로 학생부교과전형에 성공하는 시대는 끝이 나고, 학생부도 챙겨야 하는 시대가 오고 있습니다. 한마디로 학생들이 준비해야 할 요소들이 늘어나므로 부담이 늘어날 수밖에 없습니다. 결국 **학종처럼 모든 걸 준비해야 합니다.**

학생부교과전형 포인트

- ☑ 가장 안정적인 전형이다
- ☑ 일반고 학생에게 유리하다
- ☑ 상대평가 5등급으로 상황이 변함
- ☑ 학생부 평가(교과세특, 과목 선택)
- ☑ 수능최저 강화
- ☑ 면접도 볼 수 있다

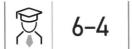

학생부종합전형 살펴보기

모든 것을 다 본다

전체 내신	선택과목	전공연계 과목 내신	교과세특
창체활동	종합란	출결	면접

모든 것이 평가된다

학생부종합전형은 모든 것을 평가하는 전형입니다. 학생부에 있는 모든 사항(일부 기재 내용 제외)이 평가 대상이며, 면접과 수능최저가 있는 대학도 있습니다. 내신만 좋다고 해서 합격하는 것도 아니고 학생부에 많은 내용이 기재되어 있다고 해서 합격하는 전형이 아닙니다. 교과목 전체 내신, 전공 연관 과목의 내신, 내신의 추이, 교과세특과 창체활동의 완성도, 종합란에 적힌 교사의 평가 그리고 추가적으로 이를 확인하는 면접 등이 **모두 평가 대상이 됩니다.**

그래도 내신이 중요하다

여러 평가 요소 중 가장 중요한 것을 꼽자면 역시 내신이라고 할 수 있습니다. 대학은 우수한 학생을 선발하고 싶어 합니다. 가장 명확하게 학생의 역량을 보여주는 지표인 내신이 비중이 높은 것은 당연한 일일지도 모릅니다. 전체 과목의 내신은 학생의 고등학교 생활에 대한 평가입니다. 물론 전공과 관련되어 있는 교과의 내신도 중요합니다. 자연계열을 지원할 경우 수학과 과학, 인문계열이라면 국어와 영어교과의 성적이 우선시 되겠죠. 특히 **자연계열의 경우 수학 내신이 좋다면 전체 내신이 불리하더라도 유리할 수 있습니다.**

여기에 학년이 오를수록 성적이 오르는 소위 **상승곡선**을 보여주는 것도 좋습니다. 물론 모든 학기의 성적이 모두 좋다면 금상첨화겠지요. 학년별 성적의 가중치는 없지만, 그래도 대학에서 **가장 가까운 3학년 시기의 성적은 중요합니다.** 특히 수학의 경우 더더욱 그렇습니다. **미적분Ⅱ 과목의 성적이 1등급**을 받는다면 그전에 있던 대수, 미적분Ⅰ의 성적의 미흡함이 있더라도 어느 정도 참작이 되기도 합니다.

또한 소위 이야기하는 '버리는' 과목이 없어야 합니다. 주로 자신의 전공과 상관없는 제2외국어 등의 과목을 소홀히 하는 친구들이 있는데, 이점도 학종평가에서는 감점의 대상이 될 수 있습니다. 한마디로 '성실함'에서 좋은 평가를 받기 힘들다는 겁니다.

전체 내신	전공 관련 교과 교과내신	성적 추이

고교학점제에서 교과 내신은 5등급입니다. 9등급 체계에서 최소 3등급대는 되어야 인서울 기준 학종에 지원을 할 수 있었습니다. 이를 **5등급으로 환산하면 2등급**은 받아야 된다는 계산이 나옵니다. 2등급 대를 넘어가면 일반고에서는 학종에서 성과를 내기 힘들어질 겁니다.

교과전형과 다른 학종의 내신 보는 법

교과전형의 경우 소위 이야기하는 '내신컷'이 존재했습니다. 내신의 비중이 크다 보니 마지막으로 합격하는 학생의 내신이 나옵니다. 하지만 학종은 다릅니다. 교과보다 평가 요소가 많다 보니 내신의 우위가 합격으로 이어지지 않습니다. 각 대학교에서 발표하는 학종 결과를 보면 **내신 분포가 다양**하다는 것을 알 수 있습니다. (다음의 자료는 모두 9등급제 기준입니다) 다음 표에서 보는 것처럼 학종에서의 합격 내신은 '점'의 의미보다는 '범위'로 봐야 합니다. 동그라미가 합격자 점수인데 수많은 X가 있는 것을 볼 수 있습니다. 즉, 학종은 내신이 좋더라도 다른 평가 요소 (학생부나 면접)의 점수가 더 높다면, 더 낮은 내신의 학생이 합격할 수도 있

모집단위	합격자 평균 등급	지원자 학생부교과 등급 분포 / 합격자 학생부교과 등급 분포								
		1등급	2등급	3등급	4등급	5등급	6등급	7등급	8등급	9등급
물리학과	4.3		⊗○⊗○⊗○⊗	⊗⊗○⊗○⊗⊗	⊗○⊗⊗×⊗	⊗○⊗⊗⊗×	⊗○⊗○×	⊗×○×○	×	
화학과	4.3		×⊗⊗⊗⊗	⊗⊗⊗×××	×○⊗⊗○×	⊗⊗×××	○× ××			
식품영양	2.3		⊗○⊗⊗○⊗×	×⊗×○	⊗	×⊗×	× ××	×		
생물학과	3.3		×○⊗⊗⊗	⊗⊗×⊗	× ×⊗○	○ ⊗×○	×			

*내신 9등급 기준

습니다. 생물학과를 보면 내신이 가장 좋은 학생은 떨어진 것을 알 수 있습니다. 이처럼 학종에서는 내신이 중요한 평가 요소기는 하지만, 학생부나 면접 점수가 더 좋은 경우가 많기 때문에 입결을 확인할 때 그 내신을 그대로 받아들이면 안 됩니다.

또한 9등급제 기준으로 3등급(5등급제에서는 2등급)을 기준으로 앞부분은 일반고 학생들이, 뒷부분은 특목·자사고 학생들이 차지하는 경향을 보입니다. 특목·자사고 학생들이 학생부면에서 일반고 학생들보다 보다 좋은 경쟁력을 보여주고 있는 현실을 그대로 보여주고 있다고 보면 됩니다.

학종의 경우 각 과별 지원하는 학생들의 특징도 살펴봐야 합니다. 학과의 특성에 따라 일반고와 특목·자사고 학생들의 지원 차이를 보이기도 하고, 남학생과 여학생의 지원 차이를 보이기도 합니다.

물리학과의 경우 1등급대 내신성적의 합격자도 존재하지만, 4~7등급대의 합격생들이 상당수 존재합니다. 이 경우에는 일반고의 최상위권 학생도 지원하지만, 주로 과학고의 학생들이 지원함을 예상할 수 있습니다. 또한 여학생보다는 남학생들의 지원이 더 두드러집니다.

모집단위	합격자 평균 등급	지원자 학생부교과 등급 분포 / 원자 학생부교과 등급 분포								
		1등급	2등급	3등급	4등급	5등급	6등급	7등급	8등급	9등급
물리학과	4.3	◯⋇⋇	⋇⋇⋇⋇⋇	⋇⋇⋇⋇⋇	⋇ ⋇⋇⋇⋇	⋇⋇⋇	⋇⋇⋇⋇	⋇⋇⋇◯	×	

일반고+과학고 남학생 지원자

식품영양학과의 경우 합격자들의 내신 분포가 1~2등급을 보이고 있으며, 3등급 밖으로는 합격자가 많지 않습니다. 이런 경우에는 일반고 학생들의 지원이 많고, 과의 특성상 여학생의 지원이 많음을 알 수 있습니다.

모집단위	합격자 평균 등급	지원자 학생부교과 등급 분포 / 원자 학생부교과 등급 분포								
		1등급	2등급	3등급	4등급	5등급	6등급	7등급	8등급	9등급
식품영양	2.3		⋇⋇⋇⋇	⋇⋇⋇ ⋇⋇◯	⊗	⋇×	×××	×		

일반고 여학생 지원

학종은 시행착오를 인정해 준다

이렇게 학종은 합격 내신이 범위를 보이고 있고, 학과에 따라서 일반고, 특목·자사고 학생들의 지원 차이를 보이고 있으며, 남학생과 여학생의 성별 차이도 존재합니다. 이러한 내신 분포는 고교학점제 아래에서 내신 5등급제가 되면 상당 부분 다른 모습을 보여줄 수도 있습니다. 아무래도 내신 자체의 위력이 약화되기 때문에 일반고보다는 **특목·자사고에 더 유리한 환경이 조성**될 수도 있기 때문입니다. 학생부종합전형은 학생부교과전형과는 달리 변수가 많습니다. 2028대입을 치르는 학생들의 경우 이전 년도 입결이 존재하지 않기 때문에 교과와 더불어 학종에서도 많은 혼란이 예상됩니다. 이럴 때일수록 내신은 어찌 되었든 좋은 내신을 받도록 노력해야 하고, 전형에 상관없이 교과세특의 기재 내용에서 경쟁력을 갖추도록 노력해야 합니다.

학종의 장점은 아무래도 평가 요소가 다양하기 때문에 **한 번의 실패가 큰 문제가 되지 않는다**는 점입니다. 교과의 경우 아무래도 내신의 비중이 크기 때문에 매 시험마다 긴장을 유지해야 하지만, 학종의 경우 **내신의 추세, 전공 연관 과목의 내신 그리고 3학년의 내신 등 다양한 정량적·정성적평가가 존재합니다.** 또한 학생부라는 전반적인 평가 요소를 가지고 있으므로 시행착오를 보완할 수 있는 방법을 마련할 수 있습니다.

빌드업(build-up)이 중요하다

특히 학종에서는 **학업역량뿐만 아니라 진로역량, 탐구역량 그리고 공동체역량을 종합적으로 평가하는 전형입니다.** 그래서 **1학년부터 소위 말하는 '빌드업(build-up)'이 매우 중요합니다.** '벼락치기'가 불가능한 전형이기 때문에 전략과 전술이 중요합니다. **자신의 관심사가 무엇인지 파악해야 하고, 이를 발전시키고 심화시켜 줄 다양한 경험이 필요합니다.** 따라서 1학년에는 자신의 **전공과 상관없이 다양한 씨앗을 뿌릴 필요가 있습니다.** 자신이 자연계열로 진학을 하더라도 인문학에 대한 관심을 보여주어야 하고, 미학에도 관심을 가지면 좋습니다. 우리 사회가 학교에 요구하는 인재는, 하나만 잘해서 성공하는 것이 아니라 여러 가지를 융합해서 자신의 장점을 더욱 발전시킬 수 있는 인재입니다. 대학이 이런 인재를 키워내야 하므로 대학 역시 고교에서 이런 인재가 될 학생을 선발하게 됩니다.

다양한 활동
다양한 독서
⬇
다음 연계를 위한 포석

그렇다면 이런 빌드업 과정을 무엇을 통해서 보여줘야 할까요? 바로 '연계'와 '확장' 그리고 '심화'입니다. 하나의 활동이 거기서 그치는 것이 아니라 다른 활동으로 이어지고, 이런 과정을 거치면서 확장과 심화를 해내는 것입니다. 특히 이런 과정은 단순한 활동 참여를 통해서 이루어지는 것이 아니라 **'탐구활동'을 통해서 자신의 역량**을 보여줘야 합니다. 그래서 학생부에 이런 탐구활동의 모습이 여러 항목에서 보여야 합니다. 교과세특과 창체활동, 심지어 종합란에서조차도 학생이 탐구하는 모습을 보여줘야지 학종에서 좋은 결과를 볼 수 있습니다. (이제는 이러한 모습이 교과전형에까지 확장됩니다)

과목 선택 매우 중요하다

내신과 탐구활동뿐만 아니라 요즘 들어 **평가 비중이 커진 것이 바로 '과목 선택'**입니다. 이전과는 다르게 학생들의 학생부가 상향평준화되고 있기에 대학에서 우수한 학생을 변별해 내기가 점점 어려워지고 있습니다. 그래서 대학이 중요 평가 요소로 판단하고 있는 것이 **학생들이 이수한 '과목'**입니다. 특히 전공과 연관 있는 과목의 경우 평가에서 큰 비중을 차지하게 됩니다.

A	**B**	**C**
확률과 통계, 미적분, 기하	미적분, 기하, 심화수학1 인공지능수학, 프로그래밍 수강	확률과 통계, 미적분, 기하
물1화1지1/ 물2화2 고급수학I/ 프로그래밍	인공지능수학, 프로그래밍	물1화1생1지1/ 물2화2
영/수 성적 향상	중상	적절함
진로선택교과 성취수준 적절	적절함 /인공지능교과이수	진로선택교과 성취수준 적절
진로탐색 수준 중상 (다양한 활동 경험)	진로탐색 수준 중 (학년별 활동 경험)	진로탐색 수준 중상 (다양한 활동 경험)

위 그림에서 컴퓨터공학과에 지원한 A, B, C 학생 중 합격한 학생은 누구일까요?

성적이나 진로탐색활동의 경우 세 학생이 비슷한 모습을 보이고 있습니다. 하지만 **가장 두드러지는 차이는 바로 과목 선택**에 있습니다. 컴퓨터와 관련된 과목을 상대적으로 많이 들은 B학생이 유리해 보일 수도 있습니다. 하지만, 결과는 B학생은 불합격하게 됩니다. C학생은 최초 합격, A학생은 충원 합격을 합니다. 왜 이런 결과가 나왔을까요? 합격과 불합격을 가른 결정적인 요인은 바로 컴퓨터공학에서 중시하는 수학과 과학과목 선택에 있습니다. A와 C학생은 자연계열학과에서 요구하는 세 가지 수학 과목인 미적분, 기하, 확률과 통계를 이수했습니다. 또한 과학과목 역시 물리학I, 화학I, 생명과학I, 지구과학I을 이수했고, 관련된 과학II과목도 이수했습니다. (여기서 언급된 수학과 과학과목은 2015교육과정 과목입니다) 어떠한 과목을 선택했고, 그 과목의 학업성취도를 어떻게 받았느냐가 이 학생들의 합격과 불합격 여부를 결정지었습니다.

대학이 과목 선택에서 보는 것은 지원 학생이 대학에 진학해서 수업을 이해할 수 있느냐를 판단하는 것입니다. 인문계열의 경우 과목의 선택 차이가 그리 크지 않지만, **자연계열의 경우는 과에 따라서 반드시 이수해야 하는 과목이 있습니다.** 각 대학들은 학과에 따라서 핵심 혹은 권장 이수과목을 발표했습니다. 이에 대한 것은 뒤에서 다뤄보도록 하겠습니다. **대학이 발표한 이러한 과목들은 꼭 이수해야 합니다.** 그렇지 않을 경우 감점이 있습니다. (2022개정교육과정에 따른 핵심/권장과목은 아직 발표가 되지 않았습니다)

과목 선택 매우 중요하다

- 학생부 상향평준화
- 대학 " 학생이 안 보여요"
- 결국 숫자와 과목 선택 중요도 ↑
- 기본에 충실한 과목 선택 중요

중요한 것은 대학은 특히 자연계열에서는 기본에 충실한 과목을 이수했느냐를 살펴본다는 것입니다. **수학은 수학 3형제인 미적분(2022개정교육과정에서는 미적분Ⅱ), 기하, 확률과 통계를 이수했느냐를 살펴보고 과**학은 될 수 있는 한 **많은 과학과목을 들었느냐**를 살펴봅니다. 물론 대학이 정한 핵심과목의 이수 여부도 살펴봅니다.

2022개정교육과정에서는 학생들의 과목 선택권이 확대되었습니다.

이런 상황 속에서 학생 과목 선택의 중요성은 더 커지고 있다는 것을 명심해야 합니다.

학생부종합전형 평가 요소

이전에 학생부종합전형을 평가할 때에는 학업역량, 전공적합성, 발전 가능성, 인성 등 다양한 영역으로 나눠서 학생들을 선발했습니다. 그런데 시대가 변함에 따라 평가하고자 하는 학생들의 역량도 변하게 됩니다. 건국대, 경희대, 연세대, 중앙대, 한국외대 5개 대학이 발간한 학생부종합전형 공통 평가 요소 및 평가 항목을 보면 이런 변화된 흐름을 알 수 있습니다.

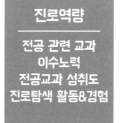

5개 대학은 학종평가를 위해 학생이 반드시 필요한 역량을 '학업역량', '진로역량', '공동체역량' 이 세 가지로 나누고 있습니다. 모든 대학의 학종평가가 이와 같지는 않지만, 비슷한 내용으로 평가를 하고 있으므로 이를 참조하기 바랍니다.

학업역량 - 내신이 다가 아니다

학업역량은 크게 '학업성취도', '학업태도', '탐구력'으로 나눠서 평가합니다.

학업역량
학업성취도

우선 학업성취도는 **교과성적의 우수성**으로 판단합니다. 말 그대로 각 교과의 내신성적을 평가합니다. 하지만 내신등급으로 드러나는 **숫자만을 정량적으로만 평가하지 않습니다.** 고교학점제에서는 원점수, 성취도(ABCDE), 석차등급, 성취도별 분포 비율, 과목평균과 수강자수를 보여줍니다. **같은 내신등급이더라고 A성취도인지, 원점수 자체가 높은지, 과목평균과 수강자수를 고려하여 정성적평가**를 하게 됩니다. 선호도가 높은 서울권 대학을 고려한다면 [1등급-A-높은 원점수]를 보여줘야 합니다. 또한 전공과 연관되거나 주요과목 성적만 좋고 특정 과목의 성적이 낮다면 역시 성실도를 의심받을 수 있습니다. 여기에 학기별, 학년별 성적의 추이 역시 평가 대상이 됩니다.

학업역량
학업태도

학업태도도 중요한 학업역량을 평가하는 요소입니다. 단순히 수업을 열심히 듣는다는 개념을 넘어 수업활동이나 과제, 발표, 모둠활동에 적극적으로 참여하는지 여부를 살펴보게 됩니다. 이를 '**자발적 학습역량**'이라고 말합니다. 발표나 보고서활동 등을 통해서 수업에서 언지 못한 새로운 지식 습득 노력도 평가 대상입니다. 이러한 것은 **교과세특에 기재된 내용을 통해서 대학은 학생의 학업역량을 평가합니다.**

학업역량

탐구력

학업역량의 마지막 요소로 탐구력이 있습니다. **교과세특이나 창체활동에 기재된 탐구활동에 대한 내용으로 평가합니다.** 교육과정 내에서 이루어진 탐구활동의 성과를 살펴보고, 단순한 발표나 보고서활동이 아니라 **학생의 지적 관심을 보여주는 심화-연계 탐구활동을 확**인하고자 합니다. 탐구활동은 해당 산출물이 갑자기 튀어나오기보다는 **학생부 전체에서 학생이 왜 탐구활동을 해왔고, 어떤 지적 성장을 해왔는지를 보여줘야** 합니다. 성균관대의 경우는 이러한 모습을 '탐구역량'이라는 별도의 역량평가로 대체하기도 합니다. 그만큼 학생부 기재의 핵심이 탐구역량으로 모이는 흐름을 보여주고 있다는 증거가 되기도 합니다.

진로역량 - 전공만 하라는 건 아니다

진로역량

**전공 관련 교과
이수노력**

보통 진로역량이라하면 전공학과와 관련된 활동을 하는 것으로 생각하는 경우가 많습니다. 그래서 자신이 진학할 학과와 연관된 활동에 집착하는 경우가 있습니다. 물론 전공과 관련된 활동을 하는 것도 진로역량에 포함됩니다. 하지만 **지금 대학이 가장 먼저 살펴**

보는 것은 바로 '전공 관련 교과 이수'입니다. 특히 **자연계열의 경우, 수학과 과학과목의 이수**를 중요하게 봅니다. 대학교에서는 핵심/권장 이수과목을 발표합니다. 해당 학과에서 제시하는 과목을 이수했는지가 가장 중요한 역량평가입니다. 학교에 따라서 관련 과목을 듣지 못하는 경우, 공동교육과정이나 온라인 수업을 통한 추가적인 노력 과정도 살펴봅니다.

또한 **수학과 과학의 경우 위계를 맞춰서 과목을 이수했는지**도 살펴봅니다. 수학의 경우 〈대수〉, 〈미적분I〉, 〈확률과 통계〉 과목은 수능과목이라서 모든 학생이 이수할 가능성이 높습니다. 그렇기에 **자연계열의 경우 〈기하〉와 〈미적분II〉는 반드시 이수해야 합니다.** 〈고급기하〉, 〈고급대수〉, 〈고급 미적분〉 등을 이수하고 싶다면 〈기하〉, 〈미적분II〉를 이수해야 합니다. 그렇지 않고 이러한 과목을 듣는다면 감점 대상이 됩니다. 과학도 마찬가지입니다. 〈물리학〉을 듣지 않고 〈역학과 에너지〉, 〈전자기와 양자〉를 듣는 것도 감점 대상입니다. **수학과 과학에는 위계가 있다**는 것을 잊지 말아야 합니다.

진로역량
전공교과 성취도

전공 관련 교과의 성적과 성취수준 역시 진로역량을 평가하는 요소가 됩니다. 성적은 학업역량을 평가하는 중요한 요소이기도 합니다. 앞에서 언급했다시피 등급 그대로만 평가하지 않기 때문에 좋은 등급을 받았다고 안심하면 안 됩니다. 모든 관련 사항을 살펴보기 때문입니다. 절대평가로 평가되는 사회·과학 융합선택교과의 경우 **성취수준 A를 반드시 받아야 합니다.** B를 받는다면 감점이 불가피합니다. 또한 **높은 원점수**도 받아야 합니다.

진로역량
진로탐색
활동&경험

기존의 전공(계열)적합성으로 불리웠던 것이 바로 전공 관련 교과활동입니다. 이러한 활동은 중요합니다. 다만 **성적과 방향성이 같이 가야** 합니다. 전공 관련 교과활동만 많이 한다고 대학은 그 학생을 뽑아주는 시대가 아닙니다. 비슷한 활동만 많이 하는 것도 지양해야 합니다. 전공과 관련이 없더라도 자신이 관심이 있는 대상이라면 그것을 파고드는 집착력도 포함됩니다. 무작정 기승전결 없이 활동을 하는 것이 아니라 **다른 활동과 연계되고 학기와 학년이 지날수록 심화되는 모습을 보여주어야** 합니다. '너는 계획이 다 있구나'라는 말을 학생부를 통해서 보여주어야 합니다. 그것이 바로 진로역량의 참모습입니다.

다만 요즘은 무전공 전형 확대로 인해서 진로역량의 비중이 줄어들고 있는 **추세**입니다. 그래서 자신의 진로를 결정하지 못한 친구들의 경우 너무 스트레스를 받지 말고 **탐구역량을 높이는 방식으로 대비**하면 됩니다. 한 전공에 치우치기보다는 다양한 분야에 걸쳐서 자신의 탐구역량을 보여주는 **방식도 이럴 경우 좋은 방안**이 되기도 합니다.

공동체역량 - 예전만 못하지만 그래도 중요하다

예전의 인성영역을 이제는 공동체역량이라는 이름으로 평가합니다.

단순히 '학생이 착해요'를 판단하는 요소가 아닙니다. 학생이 공동체 속에서 어떤 역할을 하고, 어떤 모습을 보여주고 있는지를 평가합니다. 학생이 **협업활동**을 통해서 **주도적인 역할**을 했는지, 아니면 **리더를 잘 보좌하는 역할**을 했는지를 평가합니다. 자신이 가지고 있는 것을 **다른 친구들에게 나누는 면**이 있는지, **공동체가 가진 규칙을 준수**하는지도 역시 평가 요소입니다. 이러한 것들은 단순히 미사여구로 기재되어 있다면 그리 좋은 평가를 받지 못합니다. 구체적인 사례가 있어야 합니다.

〈공동체역량관련 학생부 기재 사례〉

학급의 역사나눔활동을 자발적을 실시하여 교과시간에 배운 다양한 역사적 사건을 정리하고 요약한 정보지를 교실 게시판에 수차례 게시함. 또한 역사 공부에 어려움을 느끼는 친구들에게 쉽게 역사를 공부할 수 있는 가로 세로 퀴즈나 애니메이션을 가르쳐 주는 멘토활동을 지속적으로 진행하여 친구들에게 올해의 학급 친구로 선정됨.

1학기 학급 부회장(2024.03.02.-2024.08.15)으로 어수선한 고등학교 1학년 1학기 동안 반을 잘 추수리고 학급 친구들이 스스럼없이 지내도록 즐거운 학급을 만들려고 노력함. 학급 구성원들에 대해서 한명 한명 이해하려고 노력하고 매월 학급 설문조사를 실시하여 학급문제를 소통하는 친구임. 학급신문을 제작하여 학급행사와 선생님, 학급 친구들의 소식을 알려주는 기사를 작성하고, 특히 이를 영어로 작성하는 노력을 보여줌.

교과활동과 비교과활동

교과활동은 예전에는 성적만을 의미했습니다. 이제는 교과활동의 범위가 넓어졌습니다. 기존의 성적과 함께 **2028대입부터는 학업성취수준(A–B–C–D–E)**도 대학에 보냅니다. 이전에는 내신등급과 진로선택에서의 성취수준(A-B-C)만 갔습니다. 이제는 상대평가등급과 성취수준 모두 갑니다. 여기에 글로 하는 평가인 교과세특도 교과활동의 범위에 들어갑니다. 또한 중요도가 갈수록 높아지고 있는 교과선택도 포함됩니다.

비교과활동은 이전에 비해서 그 중요성이 낮아지고 있습니다. 하지만, 학생의 주도적인 탐구활동이 가장 두드러지게 나타나는 항목이 창체활동으로 대표되는 비교과 활동입니다. [자율·자치활동/동아리활동/진로활동]에서 자신의 탐구활동을 마음껏 보여줘야 합니다.

교과
학업 성취 수준
내신성적
교과세특
교과선택

비교과
자율자치
동아리
진로
창체·탐구활동

2028대입에서는 교과활동과 비교과활동 모두 중요한 평가 항목입니다. 숫자의 위력이 약화되는 2028대입에서 글로 평가되는 학생부의 비중이 늘어날 것으로 예상됩니다. 학종뿐만 아니라 교과와 정시에서도 학생부가 평가 요소로 포함될 가능성이 높기 때문에 두 가지 모두 신경을 써야 합니다.

면접의 비중이 늘어난다

2028대입에서는 내신 5등급제와 수능과목과 범위 축소로 숫자의 위력이 이전보다는 약해질 수밖에 없습니다. 따라서 **학생부의 영향을 커질 것**이 확실합니다. 여기에 말로 하는 평가인 '면접'의 비중도 커질 수밖에 없습니다. 학종은 서류형과 면접형으로 나뉩니다. 아무래도 학생부교과전형이 학종의 서류형을 대체할 가능성이 높기에 기존의 학종에서는 면접을 이전보다는 더 많이 볼 가능성이 있습니다. 내신의 위력감소, 학생부의 상향평준화 그리고 수능최저가 없는 학종의 특성상 **면접의 신설과 비중 증가**가 예상됩니다.

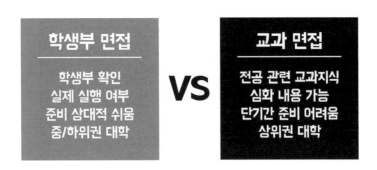

학생부 면접의 경우 학생부에 기재되어 있는 내용에 대한 확인 면접에 가깝습니다. 학생의 활동의 동기와 진행 과정, 역경 극복 과정 그리고 그로 인한 성장과 확장을 확인합니다. 본인의 의지대로 활동을 한 학생들의 경우에는 준비하는 데 큰 무리가 없습니다. 하지만 학생들의 선호도가 높은 대학들은 순수하게 학생부 면접만을 실시하지는 않습니다.

교과면접이라고 해서 **전공과 관련된 지식**을 물어봅니다. 면접 전에 자료를 주고 그 자료에 대한 해석과 관련된 질문을 물어보기도 합니다. 전공과 관련된 지식을 물어보기에 단기간 준비하기가 힘든 편입니다. 평상시 자신의 전공분야에 대한 탐구와 공부가 필요한 면접입니다.

학생부종합전형 포인트

- ☑ **내신은 기본이다**
- ☑ **학종에서 내신은 범위로 본다**
- ☑ **교과선택 중요해졌다**
- ☑ **탐구활동 : 빌드업-연계-확장**
- ☑ **학업역량-진로역량-공동체역량**
- ☑ **교과와 비교과 모두 잘해야 한다**
- ☑ **면접의 비중이 커진다**

논술전형
살펴보기

노베이스들의 희망 전형

논술전형은 내신과 학생부가 취약한 학생들이 많이 지원하는 전형입니다. 대부분의 논술전형이 **내신을 반영하기는 하지만 실질 반영률은 그리 크지 않습니다.** 9등급 체제에서는 5등급 정도면 충분히 논술에서 뒤집을 수 있기 때문에 많은 학생들이 논술전형에 지원하곤 했습니다.

> ## 논술 기본기
>
> ### 인문논술 : 모의고사 국어 2등급
> ### 자연논술 : 모의고사 수학 2등급

하지만 논술전형이 과연 베이스가 없는 학생들이 그냥 지원할 만큼 만만한 전형일까요? 결코 그렇지 않습니다. 인문논술과 자연논술이 평가 방식이 다르기는 하지만 **논술 자체가 해당 영역에 대한 기본기가 매우 좋아야**만 어느 정도 성과가 있습니다. 인문계 논술의 경우 모의고사 국어 등급이 최소한 2등급은 돼야 합니다. 자연계 논술인 수리논술의 경우에도 마찬가지로 **수학 등급이 최소 2등급이** 되어야지 합격하게 됩니다. 이것은 등급이 2등급이기 때문에 붙었다는 것이 아니라 **2등급을 확보할 만큼 해당 영역의 역량을 갖춰야지만 논술에서 해볼 만하다**는 이야기입니다. 결코 논술은 노베이스들의 희망이 아니라 해당 영역의 역량을 갖춘 학생들의 희망인 전형입니다.

높은 경쟁률과 높은 탈락률

그럼에도 불구하고 논술은 논술실력(수리논술은 수학실력)으로 판가름이 나기 때문에 많은 학생들이 지원합니다. 가끔 전설처럼 내려오는 소위 대박인 케이스가 나오기 때문에 자신도 그런 행운(?)이 올 것이라는 믿음에 지원을 많이 하게 됩니다.

2024수시전형 경쟁률

대학	교과	학종	논술
건국대	10.49	17.93	52.87
성균관대	10.22	14.75	101.92
연세대	5.76	9.66	38.97
이화여대	5.51	10.95	36.75
중앙대	10.19	20.67	79.26
한양대	8.15	15.60	107.94

앞의 표에서 보다시피 다른 전형에 비해서 **논술전형의 경쟁률은 독보적**입니다. 심지어 특정 학과의 경우에는 300대1이 넘어가는 경우도 있습니다. 그만큼 경쟁률이 치열하다는 것을 여실히 보여주고 있습니다. 경쟁률이 높으니 당연히 탈락하는 학생 비율도 많습니다. 한 반에 논술전형을 한 명도 붙지 못하는 경우도 허다합니다. 논술 실력이 가장 중요하기에 그만큼 뛰어난 실력을 가져야 한다는 것을 의미하기도 합니다. 사실 **논술 경쟁률**은 학교의 영향도 크지만, **수능최저가 있느냐, 수능 이전과 이후에 보느냐에 따라서 달라**집니다. 어찌 되었든 논술전형은 그 어떤 전형보다도 경쟁률이 매우 치열한 전형입니다.

결국 성적 좋은 학생이 붙는다

앞에서도 언급했지만, 결국 **인문은 국어실력이, 자연은 수학실력이** 논술 결과를 결정합니다. 이를 가늠할 수 있는 수단은 모의고사 성적입니다. 보통 국어와 수학 2등급을 기준으로 보면 됩니다. 1등급의 실력을 가지고도 탈락할 수 있는 전형이 논술전형입니다. 예전에는 '논술대박'이라는 말이 있었지만 점차 그런 특이한 결과는 사라지고 있습니다. 결국 국어와 수학 실력이 뒷받침이 되어야지만 논술전형에서 좋은 결과를 얻을 수 있습니다.

인문계 논술	자연계 논술
논술 요약 통계분석	수리논술 과학논술

논술전형은 정시와의 병행이다

보통 논술전형을 준비하는 학생들은 학생부교과전형이나 학생부종합전형을 응시하지 않습니다. **수능 위주의 정시를 병행**하는 학생들이 많습니다. 수능최저가 있는 논술의 경우 더더욱 이러한 경향성은 짙어집니다. 논술전형 자체가 경쟁률이 높고 결과에 대한 전망이 불확실하기에 수능 위주 정시를 기반으로 두고 준비하게 됩니다. **한마디로 논술 올인은 없다**는 겁니다. 2028대입에서도 논술전형의 특징은 크게 달라지지 않을 가능성이 높습니다. 오히려 내신등급 완화와 수능의 변별력 약화로 논술전형의 확대가 예상됩니다. 하지만 지금부터 무작정 논술전형을 준비할 수는 없습니다. 자신이 지원하는 대학이 어떤 논술 유형으로 볼지 정해지지 않았기 때문입니다. 보통 논술전형을 선택하는 시기는 빨라도 아무래도 내신성적이 어느 정도 결정되는 2학년 겨울방학 정도입니다.

따라서 평상시에는 내신과 수능을 준비하고, 학생부를 어떻게 채울 것인지를 고민해야 합니다. 논술은 인문의 경우 독서를 많이 하고 많이 써보는 연습을 평상시에 하고, 자연계열의 경우에는 수학 학습에 중점을 둬야 합니다.

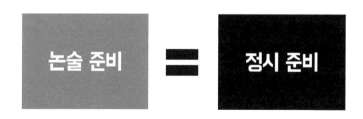

논술 준비 = 정시 준비

논술전형이 늘어나고 있다

고교학점제와 2028대입변화에 맞춰서 대학들, 특히 **인서울권 대학들**은 **논술전형의 비중을 높이고** 있습니다. 2026전형에서 논술전형이 없던 대학들은 신설하고, 인원도 전년도 대비 많은 수를 늘리고 있습니다. 2028대입에서는 그 증가폭이 더 늘어나지 않을까 합니다. 논술전형은 갑자기 준비를 해서 성과를 거둘 만큼 만만한 전형이 아니기에 평소 준비를 해야 합니다. **국어와 수학 역량을 키우는 것이 논술 준비**라는 것을 잊지 말아 주세요.

논술전형 포인트

- ☑ **노베이스들의 희망**
- ☑ **높은 경쟁률**
- ☑ **국어와 수학실력이 결정한다**
- ☑ **수능 위주 정시와의 병행이 정답**
- ☑ **논술 올인은 아니다**
- ☑ **독서와 글쓰기, 수학 학습이 중요**

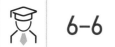

수능 위주 정시전형 살펴보기

인서울에서 가장 비중이 높은 전형

입시 공정화 정책 이후 서울권에서 가장 비중이 높은 전형이 바로 수능 위주 정시전형입니다. 40% 유지라는 정책에 맞춰서 서울권의 많은 대학들이 정시 40%를 맞추고 있습니다. **수시 이월까지 고려할 경우 40% 이상의 비중을 보여주는 대학도 존재합니다.**

여기에 내신과 학생부는 이미 정해진 상태이기에 학생들이 이것을 좋게 만들 수는 없습니다. 하지만 수능은 고3 11월에 보기 때문에 아직 오지 않은 미래에 해당합니다. 아직 오지 않은 미래이므로 학생들은 꿈과 희망을 갖게 됩니다. 또한 결과 자체가 나중에 나오므로 자신들이 수능을 준비할 시간이 많다고 생각합니다. 그렇기에 일반고에서도 많은 학생들이 정시를 준비하고 있는 실정입니다. 사실 일반고 재학생들의 합격률도 제법 높습니다.

하지만 그 실상을 보면 그 합격률이 허상에 가깝다는 것을 알 수 있습니다. 일반고뿐만 아니라 고3 재학생 모두에게 해당하는 내용입니다. 고3 재학생들이 정시에 합격을 하더라도 자신들이 평소에 원하던 대학이 아닌 경우가 훨씬 많습니다. 정시는 자신들이 받은 수능성적을 기반으로 합격이 정해지므로 상향 지원보다는 합격할 수 있는 대학에 지원을 할 수밖에 없습니다. 그 결과 합격을 하더라도 대학등록을 하지 않거나, 반수 혹은 재수를 선택하는 경우가 많습니다. 매년 **수능에 응시하는 졸업생의 수가** 늘어가는 것이 그 반증입니다.

학년도	재학생	졸업생
2022	360,710 70.8%	134,834 26.4%
2023	350,239 68.9%	142,303 28.0%
2024	326,646 64.79%	177,942 31.7%

2024수능에서는 사상 처음으로 수능에 응시하는 졸업생의 비율이 30%를 넘었습니다. 정시비중이 40%가 유지되는 이상 이런 비율은 점점 늘어날 수밖에 없습니다.

재학생에게 정시가 어려운 이유

학생부교과나 학생부종합전형의 경우 졸업생보다는 재학생들의 지원이 많습니다. 논술 역시 마찬가지입니다. 그리고 경쟁력 역시 재학생들이 졸업생보다 떨어지는 편도 아닙니다. 하지만 정시의 경우는 다릅니다. 정시는 소위 **수능력이 높은 졸업생과의 경쟁**이라고 봐야 합니다. 특히 서울의 선호도가 높은 학교의 경우는 더더욱 그렇습니다. 정시 합격생의 60% 정도가 졸업생인 학과도 존재합니다.

졸업생이 수능력이 강한 이유는 간단합니다. 그들은 **이미 수능을 한 번 경험**해 봤습니다. 그 경험을 재학생들은 가지고 있지 않습니다. 또한 졸업생들은 한 번 쓰디쓴 실패를 해봤기에 재학생들보다 좀 더 **절박한 심정**을 가지고 있습니다. 그들에게 주어진 1년이라는 시간은 더 소중하고 절박한 시간입니다.

졸업생들이 가지고 있는 가장 큰 이점은 바로 **수능을 학습할 수 있는 시간적 여유**입니다. 재학생들은 내신준비와 수행평가 그리고 학생부 기재를 위한 활동을 해야 합니다. 그러기에 수능을 공부할 시간이 상대적으로 적습니다. 더군다나 고3에서 배우는 상당수의 과목들이 수능과는 상관없는 수업입니다. 하루에 8시간을 학교에서 보내야 하는 **재학생들에게 정작 학교라는 공간은 수능을 공부하기에는 더더욱 불리한 환경으로 자리** 잡고 있습니다. 보통 졸업생들은 재학생들보다 수능을 공부할 시간이 2~3배 정도 많다고 생각하면 됩니다. 게다가 졸업생들은 이미 한 번 공부를 해봤던 과목들입니다. 수능 공부에 있어서 졸업생들이 재학생들에 비해 압도적으로 유리한 환경을 가지고 있습니다.

더군다나 2~3개월이면 돌아오는 내신 시험에 익숙한 재학생들에게 고3 11월에 딱 한 번 보는 수능은 체감상 너무 멀리 있는 시험입니다. 상당수의 고3은 3월에도 무려 8개월이라는 긴 시간이 있다고 생각합니다. 수능 공부하기에 충분히 긴 시간이라고 생각하면서 말입니다. 실제 고2에 보는 마지막 모의고사 결과와 고3 3월 모의고사 결과의 간극이 제법 됩니다. 상당수 학생들의 등급과 비율, 원점수가 하락합니다. 더군다나 졸업생이 들어오는 6, 9월 모의수능에서는 그 하락의 정도가 더 심해집니다. 수능의 경우 자신의 최악의 점수를 보게 되는 재학생들이 꽤 됩니다. 그만큼 재학생들에게는 수능 위주의 정시는 힘든 전형이 맞습니다.

하지만 기회이기도 하다

그럼에도 불구하고 **서울권 정시 40% 비율은 정말로 큽니다.** 실제로 매년 **정시 합격선은 하락하고 있습니다.** 백분위 80% 정도면 인서울 대학의 합격이 가능합니다. 2028대입에서는 이전보다 수능과목의 수와 학습량이 줄어듭니다. 그만큼 재학생들의 수능 준비 부담이 줄어든다는 사실입니다. 특히 자연계열의 경우 수학이 〈대수〉와 〈미적분I〉, 〈확률과 통계〉로 바뀌고, 탐구가 〈통합사회〉와 〈통합과학〉으로 바뀌는 것은 수능 학습량 자체가 줄어드는 것을 의미하기 때문에 **재학생과 졸업생의 수능 격차를 줄일 수 있는 기회이기도 합니다.** 특히 〈통합사회〉와 〈통합과학〉은 이전 탐구 영역보다 난이도 자체가 쉽기 때문에 준비하는 데 큰 무리가 없을 겁니다.(탐구 영역에서 재학생과 졸업생의 격차가 가장 컸습니다) 물론 대부분의 과목이 5등급 상대평가가 된다는 점과 학생부를 끝까지 챙겨야 한다는 부담이 고3학생들에게는 여전히 정시 준비의 약점으로 남아있기는 합니다.

정시 40%	**수능범위 축소**	**합격선 하락**

변화는 있다

수능의 변별력이 약화됨에 따라 **대학들은 정시 40%를 축소하려는 경향을 보이고 있습니다.** 또한 수능 위주의 정시전형에 **내신이나 학생부, 면접 등 다양한 평가 요소를 섞으려는 시도도 보입니다.** 이렇기에 수능 공부만을 통해서 정시를 준비하는 기존의 방식에서 변화는 반드시 필요합니다. 아직 대학들이 2028대입에서 어떤 식으로 정시를 구성할지 발표를 하고 있지 않습니다. 이미 서울대, 고려대, 연세대가 정시에서 내신을 반영하고 있으며, **서울대의 경우 2028대입 포럼에서 내신과 더불어 학생부를**

반영하려는 움직임을 보여주고 있습니다. 즉 정시와 수시의 벽이 사라지고 있다는 사실에 주목해야 합니다.

서울대 2028 포럼 정시 모집

1단계	수능 공통				수능 100(등급), 2~3배수
2단계	수능 공통	학생부 이수내역	학생부 성취도	학생부 학업수행	학생부 교과 외 (공동체)

1단계 60+ 교과역량 40
학생부(교과세특중심)
공동체역량 평가
A+,A,B+,B,C+,C,D

선호도가 높은 서울권 대학 중 상위권 대학들은 **[수능+@]라는 정시의 변화**를 보여주려고 할 겁니다. 실제로 한양대의 경우 2026학년도 정시에서 반영비율 10%를 학종식으로 평가하고, 성균관대의 경우 사범대학은 정시에서 학생부종합평가 20%를 반영합니다. 이는 수능의 변별력이 낮아지는 상황에서 어쩔 수 없는 상황으로 보여집니다. 이제 정시를 준비하는 학생들은 내신과 학생부를 신경 써야 합니다. 이제 모든 것을 버린 채 수능시험 하나만 보고 달리는 소위 **정시러, 정시파이터가 설자리는 좁아질 수밖에 없습니다.**

정시 준비법

수능역량을 키우자 | 한마디로 **수능 공부를 열심히 해야** 합니다. 정시전형에 내신과 학생부가 추가될 가능성이 높기는 하지만, 여전히 정시에서 가장 큰 비중을 차지하는 것은 수능일 겁니다. 재학생의 경우 내신과 학생부 챙기기를 병행해야 하기 때문에 **고1, 고2에 어느 정도 수능 학**

습을 해놔야 합니다. 이를 위해서 **충분한 자기주도학습 시간 확보**가 필요합니다. 적어도 하루 3시간 이상은 수능 공부에 투자해야 합니다. **국어의 비문학 파트와 영어**는 단기간에 준비가 안되니, 고3이 되기전에는 어느 정도 수준까지 해놓는 것이 좋습니다. 그리고 〈미적분II〉가 빠지기는 했지만 여전히 수능에서 수학의 비중은 클 것이기 때문에 **수학 학습 비중을 관리해야** 합니다. 〈대수〉와 〈미적분I〉은 고2에서 다 배우는 과목입니다. 따라서 **2학년 겨울방학에서는 이 두 과목에 대한 확실한 정리**가 필요합니다. 개념 정리는 물론이고 많은 문제를 풀어놔야 고3에 올라서 다른 과목을 공부하는 데 부담이 없습니다.

탐구과목의 경우 **2학년 겨울방학에 1학년 과목인 〈통합사회〉와 〈통합 과학〉의 개념에 대한 재확인 및 암기**를 어느 정도 끝낼 필요가 있습니다. 최상위권의 경우 탐구과목의 난이도가 **이전 선택과목 시절보다 낮아질 것이 분명하기에 만점을 목표로 학습**할 필요가 있습니다.

중요한 것은 자기주도학습 시간 확보 | 고등학교 재학생의 경우 수능 학습은 내신과의 병행 때문에 다소 부담이 되는 것은 분명합니다. 하지만 이전보다 **수능과목과 범위가 줄어든 것은 분명히 도움**이 됩니다. 중요한 것은 **공부하는 습관을 제대로 확립**하는 데 있습니다. 수능이건 내신이건 강의나 수업을 열심히 듣고 자신의 부족한 점을 채우는 것은 기본입니다. 하지만 더 중요한 것은 바로 충분한 자기주도학습을 통해서 배운 것을 자신의 것으로 만드는 것입니다. **하루에 최소 3시간의 혼공시간을 마련해 놓지 않으면** 아무리 명강의를 듣더라도 소용이 없습니

다. 혼공 혹은 자기주도학습 시간을 이용해서 개념을 자신의 것으로 만들고, 문제풀이를 통해서 이를 확인하는 과정이 반복되어야 고등학교에서 자신이 목표로 한 성적을 얻을 수 있습니다. 중학교와는 다르게 상대평가로 평가되기 때문에 **남보다 더 열심히 하는 것이 핵심 포인트**입니다.

친구와 비교하지 말자 | 고등학교 학습 특히 수능은 자신의 수준에 따라 공부하는 것의 범위와 난이도가 다릅니다. 중학교에서도 그러했겠지만 고등학교는 내신과 수능이라는 두 가지 목표를 가지고 공부를 하기 때문에 친구가 어떤 과목을 공부하고, 선행은 어떻게 하는지 관심을 가질 수밖에 없습니다. 내가 지금 공부하는 것이 맞는지, 선행을 하지 않고 있는 나의 현재가 맞는 것인지, 궁금할 수밖에 없고 결국 옆에서 공부하는 친구의 것을 따라 하는 경우가 많습니다.

내신이야 준비 기간이 짧으니 영향이 덜 하지만, **수능의 경우는 다르다**고 생각해야 합니다. 수능은 준비 기간이 깁니다. 고3 11월에 보는 수능 시험을 목표로 수능 공부계획을 짜야 합니다. 이는 학생마다 다를 수밖에 없습니다. 목표로 하는 대학과 학과가 다르기 때문에 이를 준비하는 전략과 전술도 달라져야 합니다. **옆 친구가 한다고 따라 하기에는 위험부담이 클 수밖에 없습니다.**

수능 공부는 길게 봐야 합니다. 자신의 수준을 점검하고 그에 걸맞은 학습방법과 계획을 짜야 합니다. 고1때 옆의 친구가 2학년 과목인 〈대수〉와 〈미적분I〉을 선행한다고 무작정 자신도 선행을 하면 안 됩니다. 〈공통수학1,2〉도 제대로 이해하지 못한다면, 〈대수〉와 〈미적분I〉을 선행할 것이 아니라 〈공통수학1,2〉를 제대로 공부해야 합니다. 옆의 친구가 고3 수준의 영어독해를 한다고 자신도 그런 수준의 문제를 풀면 안 됩니다. 친구가 처한 상황과 자신이 처한 상황은 다르다는 것을 인식하고 그에 맞춰서 차근차근 준비해나가면 됩니다. 어차피 수능성적은 고3 12월에 나옵니다. 그것에 모든 계획을 맞춰서 수능 공부를 해 나가서 자신의 목표를 이루면 그만인 것입니다. 절대 조급해하지 말아야 합니다. 자신의 상황을 분석하고 그걸 나아지게 만들도록 해야 합니다. 고등학교 3년이라는 시간은 결코 짧지 않습니다.

체력과 멘탈을 잡자 | 수능 학습은 호흡이 깁니다. 특히 **정시의 경우 그 어떤 전형보다 긴 준비 기간**을 가집니다. 3년이라는 시간 동안 책상에 앉아서 공부를 하다 보니 기본 체력 자체가 약해지곤 합니다. 공부는 체력이 바탕이 되어야 비로소 그 효과를 제대로 발휘할 수 있습니다. 특히 고3이 되면 공부에 대한 스트레스가 체력에 영향을 주기도 합니다. 어느 정도 **기본 체력이 있어야 책상에 앉을 수 있는 힘을 유지**할 수 있습니다. 틈틈이 운동도 하고 피곤할 경우 충분한 수면을 취하는 것은 체력 유지에 도움이 됩니다. 아플 때는 아픈 몸을 이끌고 공부를 하기보다는 하루는 푹 쉬는 것이 장기적으로 더 많은 공부시간을 확보하는 데 도움을 줄 수 있습니다.

또한 고등학교는 2개월마다 시험이 돌아옵니다. 그것이 내신일 수도 있고 모의고사일 수도 있습니다. 자신이 준비한 것에 비해 성적이 안 나올 수도 있습니다. 그럴 때마다 너무 신경 쓰지 않도록 해야 합니다. 이미 벌어진 결과를 후회하고 이를 토대로 더 나은 성적을 얻도록 하는 것은 좋지만, 그게 너무 지나치면 스트레스로 이어지고 결국 학습에도 영향을 줄 수밖에 없습니다. 특히 수능의 경우 3년이라는 시간을 투자하여 결과를 얻는 과정이므로 그 중간에 있는 결과에 일희일비할 필요는 없습니다. 모의고사에서 자신이 원하는 점수가 안 나오더라도, 자신이 아는 문제를 틀리더라도 그것을 기회로 인식하도록 하세요. '이번에 틀렸으니 얼마나 다행인가? 실전에서 틀리는 것보다 훨씬 나을 거야'라는 마음가짐을 갖도록 하세요. 문제를 틀린다는 것은 다음을 위한 새로운 기회를 제공하는 것입니다. **왜 틀렸는지 분석하고 오답 노트를 만드세요.** 틀리는 문제에 대한 분석과 복습은 그 문제를 여러분의 강점으로 바꿔줄 것입니다.

정시전형 포인트

☑ **인서울 40%는 정말로 크다**

☑ **고3 재학생에게 너무 불리한 전형**

☑ **2028대입에서는 정시도 변한다**

☑ **수능+내신+학생부 모두 챙기자**

☑ **충분한 자기주도학습 시간 확보**

☑ **체력과 멘탈을 챙겨야 한다**

chapter 7

과목 선택의 중요성!
어떻게 선택하나

기본에 충실한 과목 선택

A	B	C
확률과 통계, 미적분, 기하	미적분, 기하, 심화수학1 인공지능수학, 프로그래밍 수강	확률과 통계, 미적분, 기하
물1화지1/ 물2화2 고급수학1/ 프로그래밍	인공지능수학, 프로그래밍	물1화1생지1/ 물2화2
열/수 성적 향상	중상	적절함
진로선택교과 성취수준 적절	적절함 /인공지능고과이수	진로선택교과 성취수준 적절
진로탐색 수준 중상 (다양한 활동 경험)	진로탐색 수준 중 (학년별 활동 경험)	진로탐색 수준 중상 (다양한 활동 경험)

학생부종합전형 평가 요소

학업역량	진로역량	공동체역량
학업성취도 학업태도 탐구력	전공 관련 교과 이수노력 전공교과 성취도 진로탐색 활동&경험	협업과 소통 나눔과 배려 성실성&규칙준수 리더십

경희대 교과 2025

학생부교과 및 비교과(출결 봉사)	70%
교과종합평가	30%

학업역량 50%	학업성취도 학업태도 탐구력
진로역량 50%	전공(계열) 관련 교과 이수 노력 전공(계열) 관련 교과 성취도

서울대 정시 지역균형 2025

수능	60%
교과평가	40%

과목이수내용	교과이수현황
교과성취도	교과학업성적
교과 학업 수행 내용	교과세특

서울대 2028(포럼)

□ 수시모집

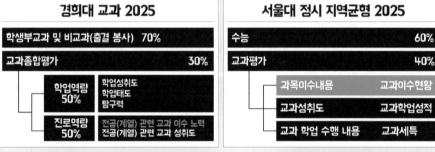

1단계	학생부 이수내역	학생부 성취도	학생부 학업수행	학생부 교과 외 (공동체)
2단계	수능 공통			

서울대 2028(포럼)

□ 정시모집

1단계	수능 공통				
2단계	수능 공통	학생부 이수내역	학생부 성취도	학생부 학업수행	학생부 교과 외 (공동체)

과목 선택의 중요성을 말하고 있다

대학입시에서
중요해진 과목 선택

앞에서 언급했듯이 고등학교에서 **과목 선택의 중요성**은 점점 더 그 비중을 키우고 있습니다. 과목 선택의 자유도가 굉장히 높은 고교학점제에서는 더더욱 그 위력을 발휘할 것입니다. 대학은 2028대입에서는 내신과 수능의 변별력 하락과 학생부 기재 제한으로 인한 평가의 어려움으로 인해, 과목 선택의 평가 비중을 늘릴 수밖에 없습니다. 학생부종합전형은 당연히 평가의 한 영역으로 자리 잡고 있으며, 학생부교과전형에서도 과목 선택을 정량적, 정성적으로 평가하고 있습니다. 이제 정시에서도 과목 선택은 학생평가의 요소로 자리매김할 것입니다.

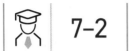
대학에서 원한다

매우 중요한 평가 요소

이렇게 과목 선택이 중요해진 이유는 대학 수업을 듣기 위한 필수 이수과목이 존재하기 때문입니다. 대학의 수업을 이해하기 위해서 최소한 이 정도 수업은 듣고 와야 한다는 전제를 대학은 마련하고 있습니다. 특히 자연계열의 경우 **수학과 전공 관련 교과 과학과목에 대해서는 핵심 혹은 권장과목으로 제시**해주고 있으며, **미이수 시 감점 항목**임을 밝히고 있습니다. 따라서 학생들은 대학에서 알려주는 이러한 과목들은 자신들이 지원하는 학과나 학부에 따라서 반드시 이수해야 대학입시에서 불이익을 받지 않을 것입니다.

이제 모든 전형에서 본다

학생부종합전형 자체가 학과나 학부에 최적화된 학생을 선발하는 전형이고, 평가 요소를 정하는 데 있어 대학의 자유도가 높습니다. 학생부 기재 사항과 글자수 제한으로 인해서 과목 선택의 평가 비중은 덩달아 커져만 갔습니다. 핵심·권장과목을 듣지 않았을 경우 받게 되는 감점은 지원하는 학생들이 비슷한 학생부와 내신을 가졌다는 것을 전제로 보면 큰 영향을 줄 수밖에 없었습니다.

이제 이러한 **과목 선택의 영향은 학생부종합전형을 넘어 학생부교과와 정시에까지 확장**되고 있습니다. 2028대입 변화의 핵심은 각 전형 간의 벽이 허물어지고 있다는 겁니다. 숫자의 힘이 강한 학생부교과전형과 정시전형에서도 글자의 힘이 영향을 발휘할 수밖에 없는 환경이 만들어지고 있습니다.

과목 선택도 마찬가지입니다. 평가 요소 한 쪽의 영향이 줄어들게 되면 자연스레 새로운 평가 요소가 등장하게 되고, 그것은 입시의 성공을 결정짓는 중요한 요소로 작용할 수밖에 없습니다. **학생부교과전형이나 정시전형** 모두 공개되는 입결이 중요한 지원 잣대로 사용되기 때문에 지원하는 학생들의 내신과 수능 점수는 비슷할 수밖에 없고, 합격과 불합격을 결정짓는 점수는 **소수점까지 봐야 하는 치열한 전형**입니다. 이런 상황에서 **과목 선택은 꽤 중요한 평가 요소**가 될 것이 분명합니다.

미리 결정해야 한다

보통 2학년에 배우는 과목은 1학년 2학기에 선택을 하고, 3학년 과목은 2학년 2학기에 최종 선택을 합니다. 고교학점제가 이전과는 달리 학기제로 운영되지만 교사 수급 문제로, 직전 학년에 다음 학년 1,2학기에 배우는 과목을 선택할 수밖에 없습니다. 따라서 **자신이 어떠한 과목을 선택할지 미리 고민**해야 합니다. 학교마다 선택한 과목 변경에 대한 규정이 다르기 때문에 이미 결정한 과목을 변경하는 것은 예상하기 어렵습니다. 보통 2학기에 최종 선택을 하므로 1학기 때부터 다음 학년에 어떤 과목을 들을지 고민해야 합니다. 특히나 자연계열의 경우 수학과 과학은 위계(듣는 순서)가 있기 때문에 1학년에 미리 2,3학년 때 들을 과목을 고려해야 합니다.

이전에는 학생부종합전형에 지원하려는 학생들이 과목 선택에서 많은 고민을 했습니다. 그러나 상대적으로 학생부교과전형이나 정시를 주 전형으로 생각하는 학생들은 그리 큰 고민을 하지 않았습니다. 하지만, 이제 상황이 바꿨습니다. 이 두 전형을 메인으로 생각하는 친구들도 미리 과목 선택에 대해서 고민해 봐야 합니다. 담임선생님은 물론 학교에 계시는 진학 담당 선생님과 자신의 관심사와 진학 예정인 학과에 맞는 과목에 대해서 상담도 받아봐야 합니다. 1학기에 듣는 과목과 이와 연계되는 2학기 과목은 어떤 것을 들을지, 3학년에서는 절대평가 과목을 들을지, 상대평가 과목을 들을지 선택해야 합니다. 만약 학교 교육과정에 자신이 듣고자 하는 과목이 없을 때, 공동교육과정이나 거점학교 등을 통해서 그 과목을 수강할지도 고민해야 합니다. 이런 과정은 학생이나 학부모 혼자서 결정하기 어려우므로 선생님이나 전문가의 도움을 받는 것도 좋습니다.

2022개정교육과정의 선택과목 현황

공통과목 및 선택과목 현황

교과(군)	공통과목	선택과목		
		일반선택	진로선택	융합선택
국어	공통국어1 공통국어2	화법과 언어, 독서와 작문, 문학	주제 탐구 독서, 문학과 영상, 직무 의사소통	독서토론과 글쓰기, 매체 의사소통, 언어생활 탐구
수학	공통수학1 공통수학2 기본수학1 기본수학2	대수 미적분Ⅰ 확률과 통계	기하, 미적분Ⅱ 경제수학, 인공지능수학, 직무수학	수학과 문화, 실용통계, 수학과제 탐구
영어	공통영어1 공통영어2 기본영어1 기본영어2	영어 영어Ⅰ,Ⅱ, 영어독해와 작문	영미문학 읽기, 영어발표와 토론, 심화영어, 심화영어 독해와 작문, 직무영어	실생활 영어회화, 미디어영어, 세계문화와 영어
사회 (역사/도덕 포함)	한국사1 한국사2 통합사회1 통합사회2	세계시민과 지리, 세계사, 사회와 문화, 현대사회와 윤리	한국지리 탐구, 도시의 미래탐구, 동아시아 역사기행, 정치, 법과 사회, 경제, 윤리와 사상, 인문학과 윤리, 국제관계의 이해	여행지리, 역사로 탐구하는 현대 세계, 사회문제 탐구, 금융과 경제생활, 윤리문제 탐구, 기후변화와 지속 가능한 세계 [절대평가]

과학	통합과학1 통합과학2 과학탐구실험1 과학탐구실험2	물리학, 화학, 생명 과학, 지구과학	역학과 에너지, 전 자기와 양자, 물질 과 에너지, 화학반 응의 세계, 세포와 물질대사, 생물의 유전, 지구시스템 과학, 행성우주과 학	과학의 역사와 문 화, 기후변화와 환 경생태, 융합과학 탐구 [절대평가]
체육 [이수/미이수]		체육1, 체육2	운동과 건강, 스포 츠 문화*, 스포츠 과학*	스포츠 생활1, 스포츠 생활2
예술 [이수/미이수]		음악, 미술, 연극	음악 연주와 창작, 음악 감상과 비평, 미술 창작, 미술 감 상과 비평	음악과 미디어, 미 술과 매체
기술·가정/정보		기술가정	로봇과 공학세계, 생활과학탐구	창의공학 설계, 지 식재산 일반, 생애 설계와 자립*, 아 동발달과 부모
		정보	인공지능 기초, 데 이터 과학	소프트웨어와 생 활
제2외국어/한문		독일어, 프랑스어, 스페인어, 중국어, 일본어, 러시아어, 아랍어, 베트남어	독일어 회화, 프랑 스어 회화, 스페인 어 회화, 중국어 회 화, 일본어 회화, 러시아어 회화, 아 랍어 회화, 베트남 어 회화, 심화 독일 어, 심화 프랑스어, 심화 스페인어, 심 화 중국어, 심화 일 본어, 심화 러시아 어, 심화 아랍어, 심화 베트남어	독일어권 문화, 프 랑스어권 문화, 스 페인어권 문화, 중 국 문화, 일본 문 화, 러시아 문화, 아랍 문화, 베트남 문화
교양 [이수/미이수]		진로와 직업, 생태와 환경	인간과 철학, 논리와 사고, 인가 노가 심리, 교육의 이해, 삶과 종교, 보건	인간과 경제활동, 논술

*과목명 뒤에 붙는 로마자(Ⅰ·Ⅱ)는 위계가 있는 과목임

**과목명 뒤에 붙는 *표시가 된 과목은 기본 학점이 2학점임

앞의 표는 2, 3학년에서 선택가능한 공통과목과 선택과목 현황표입니다. **공통과목은 고1에서 듣고** 일반선택, 진로선택, 융합선택의 모든 **선택과목은 주로 2, 3학년에서 듣습니다.** 학교에 따라서 1학년 2학기에 일부 선택과목을 듣기도 합니다. **9개의 사회·과학 융합선택과목은 절대평가**이며 체육과 예술, 교양 교과군은 이수/미이수로 평가됩니다. 나머지는 모두 상대평가 5등급제입니다.

선택과목의 수를 2015개정교육과정과 비교하자면 기존 국어, 수학, 영어, 사회, 과학의 선택과목은 일반선택과 진로선택을 합해서 46개의 과목이었던 것이, 2022개정교육과정에서는 일반선택, 진로선택 그리고 새롭게 만들어진 융합선택까지 합해서 **65개로 늘어나게 됩니다.** 무려 19개의 선택과목이 늘어나서 학생들의 선택의 고민을 더하게 되었습니다. 이렇게 늘어난 과목의 수가 과연 학생들의 선택의 폭을 확대해서 많은 과목을 듣도록 할 것인지, 아니면 부담으로 작용할지 귀추가 주목됩니다.

과학계열 선택과목

계열	교과(군)	선택과목	
		진로선택	융합선택
과학계열	수학	진문수학, 이산수학, 고급기하, 고급대수, 고급미적분	
	과학	고급물리학, 고급화학, 고급생명과학, 고급지구과학, 과학과제연구	물리학 실험, 화학 실험, 생명과학 실험, 지구과학 실험
	정보	정보과학	

과학계열 선택과목입니다. 주로 특목고에서 다루는 과목이지만 일반

고에서도 개설이 가능합니다. 하지만 선택 학생수의 문제와 교원 수급 문제 때문에 이러한 과목 개설 가능성은 낮은 편입니다. 그리고 일부 자사고의 경우는 가능할 수 있습니다. 하지만 지금도 이런 과목들은 **일선 학교에서 개설이 어렵기 때문에 공동교육과정이나 거점학교** 등의 프로그램을 통해서 듣고 있어서 고교학점제에서도 이런 기조는 이어질 것이라고 생각됩니다. 서울의 경우 학교에서 선택할 수 없는 과목을 온오프에서 들을 수 있도록 '서울통합온라인학교'를 준비하고 있습니다.

과목 선택 시 고려 사항

자신의 관심사를 우선 고려하자

학생의 진로나 전공을 정한 상태라면 이와 관련된 과목을 선택하기가 수월합니다. 요즘은 학과별로 과목을 추천해 주는 자료를 각 교육청에서 배포하고 있기 때문에 이런 자료를 참조해서 과목 선택을 할 수 있습니다. 2022개정교육과정에 대한 자료는 나와 있지 않아서 2015개정교육과정을 기반으로 한 자료를 예시로 들어보겠습니다.

경영학과

일반선택	국어	문학, 독서, 화법과 작문, 언어와 매체
	수학	수학Ⅰ, 수학Ⅱ, 미적분, 확률과 통계
	영어	영어Ⅰ, 영어Ⅱ, 영어회화, 영어독해와 작문
	탐구	경제, 정치와 법, 사회·문화
	생활교양	제2외국어, 한문, 논술, 심리학, 실용경제

진로선택		경제수학, 진로영어, 사회문제 탐구, 생활과 과학, 융합과학, 음악연주, 미술창작, 음악감상과 비평, 미술감상과 비평, 창의경영, 지식재산 일반
전문교과		국제정치, 국제경제, 지역이해, 한국사회의 이해, 세계문제와 미래사회, 회계원리

화학공학과

	국어	문학, 독서, 화법과 작문, 언어와 매체
일반선택	수학	수학I, 수학II, 미적분, 확률과 통계
	영어	영어I, 영어II, 영어독해와 작문
	탐구	물리학I, 화학I
	생활교양	기술·가정, 정보
진로선택		기하, 물리학II, 화학II, 공학 일반, 지식재산 일반
전문교과		고급수학I,II, 물리학실험, 화학실험, 융합과학 탐구

물론 특정 학과와 관련해서 추천하는 과목을 무조건 들어야 하는 것은 아닙니다. 기본적으로 가장 중요한 것은 **학생 자신이 관심 있어 하는 과목이 우선순위에 올라야 하며**, 이를 기반으로 자신의 진로나 전공학과와 연관된 과목으로 확장하는 것이 중요합니다. 당연한 것은 학생이 자신의 관심사가 무엇인지 알고 있어야 한다는 점입니다. 이에 대한 고민을 **중학교에서부터 해와야 고등학교에 와서 여러 가지 시행착오를 줄일 수 있습니다.**

자신의 주 전형도 고려해야 한다

예전에는 과목에 대해서 고민해야 하는 전형은 학생부종합전형뿐이었습니다. 지금은 학생부교과전형으로 과목 선택을 평가 요소로 측정하

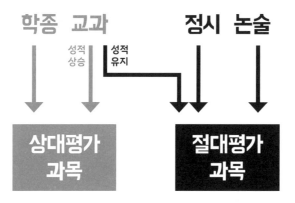

는 대학들이 늘고 있으며, 이러한 경향은 2028대입에서는 두드러질 것입니다. 정시에서도 이를 반영할 가능성이 있다고 여러 차례 강조했습니다. 따라서 지금은 **학생부전형에 해당하는 학생부교과와 학생부종합전형은 당연히 과목 선택에서 고민해야** 합니다. 정시의 경우도 가능성이 있으므로 이전보다는 좀 더 고민할 여지가 있습니다.

2015개정교육과정에서 많은 학생들이 절대평가인 진로선택과 상대평가인 일반선택과목 사이에서 고민을 했습니다. 2022개정교육과정에서도 사회·과학 융합선택과목은 절대평가이기 때문에 상대평가인 다른 과목과의 선택 문제가 발생합니다. **보통 학생부종합전형에서는 등급이 나오는 상대평가 과목을 선호하는 경향이 있습니다.** 절대평가보다는 상대평가가 조금은 더 많은 학습량을 보여주기에 **'도전'이라는 측면에 의미 부여를 하게 됩니다. 절대평가 과목의 경우 시험문제 출제나 수행평가 그리고 수업 진행에 있어서 수월한 면이 존재합니다.** 수능 학습에 좀 더 비중을 두는 고3에서 이 차이는 생각보다 큰 차이를 유발합니다. 고3 과정에서 절대평가 과목이 존재한다면 내신준비 부담이 현저히 줄어들기 때문에 수능 학습에 시간 부여를 더 할 수 있게 됩니다. 학생부교과전형의 경우 학생이 처한 상황에 따라 달라집니다. 자신이 **내신성적을 올려야 하는 상황이라면 상대평가 과목을, 유지해야 하는 상황이라면 절대평가 과목을 선택하는 것이 유리합니다.**

선택의 주도성이 중요하다

과목 선택을 하다 보면 자신이 선택할 수 있음에도 불구하고 과목의 어려움이나 수강생의 수가 적어서 다른 과목을 선택하는 경우가 있습니다. 문제는 그 과목이 대학이 요구하는 핵심·권장과목이라면 감점 등의 불이익을 감수해야 합니다. 특히 자연계열의 경우는 더더욱 그렇습니다. 〈미적분II〉, 물리관련 과목, 경제 과목이 이러한 과목에 속합니다.

대학들은 학생이 다니는 학교의 교육과정을 볼 수 있기 때문에 학생의 과목 선택 환경을 알 수 있습니다. 학교의 사정상 **개설이 안되었다면 모를까, 개설되었음에도 불구하고 어렵다는 이유로 이수하지 않으면 불이익을 감수해야** 합니다. 만약 학교 사정상 그러한 과목들이 개설되지 못한 경우라면 공동교육과정 등을 통한 해당 과목의 이수 등을 통해서 적극성을 보여 줘야 합니다.

인문계열
과목 선택

필수는 없다

대부분의 인문계열은 필수라고 할 만한 과목이 없습니다. 그래도 상경계열이나 어문계열의 경우는 고심할 필요는 있습니다. 어문계열의 경우 언어관련 과목을 이수해야 합니다. 학과와 동일한 제2외국어가 있다면 당연히 이수해야 하며, 만약 없다면 국어나 영어, 다른 제2외국어과목을 이수하려는 노력을 보여줘야 합니다. **상경계열의 경우 경제과목을 필수로 들어야** 합니다. 경제학과의 경우 〈미적분II〉나 〈경제수학〉 등을 듣는 것이 유리합니다.

학과/계열 선호과목은 존재한다

인문계열이 과목의 차이가 자연계열에 비해서 적다고는 하지만, 학과나 계열관련 과목은 듣는 것이 좋습니다. 학과가 만약 정해졌다면 학과와 연관성이 높은 과목을 선택하고 그 길로 가야 합니다. 학과별로 핵심·권장과목은 거의 없지만, 그래도 각 과마다 선호과목은 존재합니다. 사회학과의 경우 〈경세〉나 〈정치〉, 〈법과 사회〉, 〈사회와 문화〉 같은 과목을 선호합니다. 상경계열은 앞에서 언급한 것처럼, 〈경제〉, 〈금융과 경제생활〉, 〈경제 수학〉, 〈지적 재산 일반〉 같은 과목을 선호합니다. 또한 자신의 학과와는 상관이 크게 없더라도 1~2개 정도의 과목은 자기 차별화가 되는 과목을 선택하는 것이 좋습니다. 예를 들어 경영학과 학생이라면 전문교과에 있는 〈통계학〉이라던가 〈마케팅과 광고〉와 같은 남들이 잘 듣지 않는 과목을 찾아서 듣는 것이 입시전략적인 면에서 좋습니다. 소위 이야기하는 어려운 과목을 선택하라는 것은 아니지만, 현실적으로 이런 것이 도움이 됩니다.

이수 인원이 많은 과목이 유리하다

앞에서 언급했다시피 인문계열은 대학들이 핵심·권장과목을 구체적으로 제시하는 경우가 별로 없습니다. 그래서 과목 선택에 있어서 일부 학과를 제외하고는 자유도가 높습니다. 이전과는 달리 거의 모든 과목이 상대평가이므로 우선적으로 고려해야 하는 것은 내신에 유리한 과목을 듣는 것입니다. 과목의 난이도를 떠나서 일단 이수 인원이 많은 과목을 선택하는 것도 전략입니다.

이수 인원이 많다면 당연히 등급에 해당하는 인원수가 늘어나게 됩니다. 아무래도 인원수가 적은 과목보다는 인원수가 많은 과목을 선택한다면 우수한 등급을 받을 확률도 올라가기 마련입니다.

과목	총 인원수	1등급(10%)	2등급(24%)	3등급(32%)	4등급(24%)	5등급(10%)
A	50명	5명	12명	16명	12명	5명
B	100명	10명	24명	32명	24명	10명

위의 표에서 A과목에서 1등급 인원수는 5명이지만, B과목은 10명입니다. 과목에 따른 학생들의 실력 차이를 고려해야 하지만, 상위권의 경우 1등급 인원수의 차이는 중요합니다. 절대적인 것은 아니지만 입시전략적으로 고려해 볼만한 전략입니다.

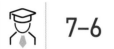

자연계열 과목 선택

필수과목이 존재한다

인문계열과는 다르게 자연계열은 학과별로 필수과목이 존재합니다. 이러한 필수과목을 학생이 학교의 교육과정에서 선택할 수 있음에도 불구하고 선택하지 않으면 대학은 평가 과정에서 감점을 부여합니다.

옆의 표는 학과별로 2015개정교육과정에 편재된 과목을 이수하지 않았을 때 감점이 되는 정도를 보여주고 있습니다. 공학계열의 경우 〈미적분〉, 〈기하〉, 〈물리학I,II〉는 미이수 시 중대한 감점이 되는 과목이라는 것을 알 수 있습니다. 이를 위해서 대학은 학과에 따른 핵심·권장과목을 매년 알려주고 있습니다.

대학에서는 학과별로 이 정도 과목은 꼭 듣고 오라는 신호를 보내주고 있습니다. 따라서 학생들은 자신이 지원할 학과나 학부에 맞춰서 요구하는 핵심·권장과목은 반드시 듣도록 해야 합니다.

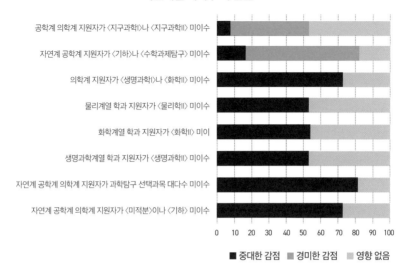

자연계열 미이수 시 감점

공학계 의학계 지원자가 〈지구과학I〉나 〈지구과학II〉 미이수

자연계 공학계 지원자가 〈기하〉나 〈수학과제탐구〉 미이수

의학계 지원자가 〈생명과학I〉나 〈화학II〉 미이수

물리계열 학과 지원자가 〈물리학II〉 미이수

화학계열 학과 지원자가 〈화학II〉 미이

생명과학계열 학과 지원자가 〈생명과학II〉 미이수

자연계 공학계 의학계 지원자가 과학탐구 선택과목 대다수 미이수

자연계 공학계 의학계 지원자가 〈미적분〉이나 〈기하〉 미이수

0 10 20 30 40 50 60 70 80 90 100

■ 중대한 감점 ■ 경미한 감점 ■ 영향 없음

질적인 측면과 양적인 측면 모두 고려하자

여기에 대학은 듣는 과목도 보지만 **질과 양도 함께 평가**합니다. 정성평가와 정량평가를 섞어서 평가한다는 이야기입니다. '**질적 측면**'은 과연 학생이 쉬운 과목만 들었느냐를 평가합니다. 여기에는 수학과 과학과목의 위계(단계)도 포함됩니다. 그리고 **학생이 이수한 수학과 과학과목의 수도 살펴보기도 합니다.** 아무래도 자연계열이다보니 수학과 과학과목을 많이 이수한 학생을 선호할 수밖에 없습니다. 즉 '**양적인 측면**'도 고려해야 합니다. 그러므로 자연계열 학생들은 가급적 **수학과 과학과목을 많이 듣는 것이 유리합니다.**

물론 무조건 자연계열이라고 해서 인문 관련 과목을 듣지 말라는 것이 아닙니다. 자신이 관심이 있고 학생부에서 그 과목을 선택한 이유가

서울대 2025 핵심 권장과목

＊2015개정교육과정

모집단위		핵심권장과목	권장과목
경제학부		–	미적분, 확률과통계
수리과학부		미적분, 확률과통계, 기하	–
통계학과		미적분, 확률과통계, 기하	–
물리/천문학부	물리학전공	물리학II, 미적분, 기하	확률과통계
	천문학전공	지구과학II, 미적분, 기하	지구과학II, 물리학II, 확률과통계
화학부		화학II, 미적분	확률과통계, 기하
생명과학부		생명과학II, 미적분	화학II, 확률과통계, 기하
지구환경과학부		물리학II or 화학II or 지구과학II, 미적분	확률과통계, 기하
간호대학		–	생명과학I, 생명과학II
공과대학–광역		미적분, 확률과통계	기하
건설환경공학부		미적분, 기하	확률과통계
기계공학부		물리학II, 미적분, 기하	확률과통계
재료공학부		미적분, 기하	물리학II, 화학II, 확률과통계
전기·정보공학부		물리학II, 미적분	확률과통계, 기하
컴퓨터공학부		미적분, 확률과통계	–
화학생물공학부		물리학II, 미적분, 기하	화학II or 생명과학II
건축학과		–	미적분
산업공학과		미적분	확률과통계
에너지자원공학과		물리학II, 미적분, 기하	확률과통계
원자핵공학과		물리학II, 미적분	–
조선해양공학과		물리학II, 미적분, 기하	확률과통계
항공우주공학과		물리학II, 미적분, 기하	지구과학II, 확률과통계
농경제사회학부		–	미적분, 확률과통계
식물생산과학부		생명과학II	화학II, 미적분, 확률과통계, 기하
산림과학부		–	–
식품·동물생명공학부		화학II, 생명과학II	–
응용생물화학부		화학II, 생명과학II	미적분, 확률과통계, 기하
조경·지역시스템공학부		미적분, 기하	물리학II, 확률과통계
바이오시스템·소재학부		미적분, 기하	물리학II or 화학II
수학교육과		미적분, 확률과통계, 기하	–
물리교육과		물리학II	미적분, 확률과통계, 기하
화학교육과		화학II	미적분, 확률과통계, 기하
생물교육과		생명과학II	화학II, 미적분, 확률과통계
지구과학교육과		지구과학II	지구과학II, 미적분, 확률과통계, 기하
식품영양학과		화학II, 생명과학II	화학II or 생명과학II
의류학과		–	화학II, 생명과학II
수의예과		생명과학II	미적분, 확률과통계
약학계열		화학II, 생명과학II	미적분, 화학II or 생명과학II
의예과		생명과학II	생명과학II, 미적분, 확률과통계, 기하
자유전공학부		–	미적분, 확률과통계
첨단융합학부		미적분	확률과통계 or 물리학II or 화학II

경희대, 고려대, 성균관대, 연세대, 중앙대 핵심 권장과목

＊2015개정교육과정

수학 | 컴퓨터 | 산업 | 물리 | 기계

학문분야	모집단위	핵심과목		권장과목	
		수학	과학	수학	과학
수학	〈경희대〉 수학과, 응용수학과 〈고려대〉 수학과, 수학교육과 〈성균관대〉 수학과, 수학교육과, 통계학과 〈연세대〉 수학과, 응용통계학과 〈중앙대〉 수학과	수학 수학Ⅱ 미적분 기하	–	확률과통계 기하	
컴퓨터	〈경희대〉 소프트웨어융합학과, 컴퓨터공학부 인공지능학과, 컴퓨터공학부 컴퓨터공학과 〈고려대〉 데이터과학과, 사이버국방학과, 스마트보안학부, 컴퓨터학과 〈성균관대〉 소프트웨어학과, 컴퓨터교육과 〈연세대〉 IT융합공학과, 인공지능학과, 컴퓨터과학과 〈중앙대〉 AI학과, 산업보안학과, 소프트웨어학부, 예술공학부	수학 수학Ⅱ 미적분 기하	–	확률과통계 인공지능 수학	
산업	〈경희대〉 산업경영공학과 〈고려대〉 산업경영공학부 〈성균관대〉 시스템경영공학과 〈연세대〉 산업공학과	수학 수학Ⅱ 미적분 확률과통계	–	–	–
물리	〈경희대〉 물리학과, 응용물리학과 〈고려대〉 물리학과 〈성균관대〉 물리학과 〈연세대〉 물리학과 〈중앙대〉 물리학과	수학 수학Ⅱ 미적분 기하	물리학Ⅰ 물리학Ⅱ	확률과통계	화학Ⅰ
기계	〈경희대〉 기계공학과 〈고려대〉 기계공학부 〈성균관대〉 기계공학부 〈연세대〉 기계공학부 〈중앙대〉 기계공학부	수학 수학Ⅱ 미적분 기하	물리학Ⅰ 물리학Ⅱ 화학Ⅰ	확률과통계	화학Ⅰ

전기·전자 | 건설/건축 | 화학

학문분야	모집단위	핵심과목		권장과목	
		수학	과학	수학	과학
전기 · 전자	〈경희대〉 생체의공학과, 전자공학과, 정보디스플레이학과 〈고려대〉 반도체공학과, 전기전자공학부 〈성균관대〉 반도체시스템공학과, 전자전기공학부 〈연세대〉 시스템반도체공학과, 전지전자공학부 〈중앙대〉 전자전기공학부	수학 수학II 미적분 기하	물리학I 물리학II 화학I	확률과통계	–
건설 / 건축	〈경희대〉 건축공학과, 건축학과, 사회기반시스템공학과 〈고려대〉 건축사회환경공학부, 건축학과 〈성균관대〉 건설환경공학부, 건축학과 〈연세대〉 건축공학과, 도시공학과, 사회환경시스템공학부 〈중앙대〉 사회기반시스템공학부 건설환경플랜트공학, 사회기반시스템공학부 도시시스템공학, 건축학부	수학 수학II 미적분	–	확률과통계 기하	물리학I
화학	〈경희대〉 응용화학과, 화학과 〈고려대〉 화학과 〈성균관대〉 화학과 〈연세대〉 화학과 〈중앙대〉 화학과	수학 수학II 미적분 확률과통계	화학I 화학II	기하	물리학I 물리학II 생명과학I

재료/화학·고분자·에너지 | 생명과학·환경/생활과학/농림

학문분야	모집단위	핵심과목		권장과목	
		수학	과학	수학	과학
재료/ 화공 · 고분자 · 에너지	〈경희대〉 원자력공학과, 정보전자신소재공학과, 화학공학과 〈고려대〉 신소재공학부, 융합에너지공학부, 화학생명공학과 〈성균관대〉 나노공학과, 신소재공학부, 화학공학/고분자공학부 〈연세대〉 디스플레이융합공학과, 신소재공학부, 화공생명공학부 〈중앙대〉 에너지시스템공학부, 융합공학부, 첨단소재공학과, 화학공학과	수학 수학II 미적분	물리학I 화학I 화학II	확률과통계 기하	물리학II

214

학문분야	모집단위	핵심과목 수학	핵심과목 과학	권장과목 수학	권장과목 과학
생명과학·환경 / 생활과학 / 농림	〈경희대〉 생물학과, 스마트팜과학과, 식물·환경신소재공학과, 식품생명공학과, 식품영양학과, 유전생명공학과, 한방생명공학과, 환경학및환경공학과 〈고려대〉 가정교육과, 생명공학부, 생명과학부, 식품공학과, 환경생태공학부 〈성균관대〉 글로벌바이오메이컬공학과, 바이오메카트로닉스학과, 생명과학과, 식품생명공학과, 융합생명공학과 〈연세대〉 생명공학과, 생화학과, 시스템생물학과 〈중앙대〉 생명과학과, 생명자원공학부 동물생명공학, 생명자원공학부 식물생명공학, 시스템생명공학과, 식품공학부, 식품공학, 식품공학부 식품영양	수학Ⅰ 수학Ⅱ	화학Ⅰ 생명과학Ⅰ 생명과학Ⅱ	미적분 확률과통계	화학Ⅱ

천문·지구 | 의학 | 약학 | 간호/보건

학문분야	모집단위	핵심과목 수학	핵심과목 과학	권장과목 수학	권장과목 과학
천문·지구	〈경희대〉 우주과학과, 지리학과 〈고려대〉 지구환경과학과 〈연세대〉 대기과학과, 지구시스템과학과, 천문우주학과	수학Ⅰ 수학Ⅱ 미적분	물리학Ⅰ 화학Ⅰ 지구과학Ⅰ 지구과학Ⅱ	확률과통계 기하	물리학Ⅱ
의학	〈경희대〉 의예과, 한의예과, 치의예과 〈고려대〉 의학과 〈성균관대〉 의예과 〈연세대〉 의예과, 치의예과 〈중앙대〉 의학부	수학Ⅰ 수학Ⅱ	화학Ⅰ 생명과학Ⅰ 생명과학Ⅱ	확률과통계	물리학Ⅰ 화학Ⅱ
약학	〈경희대〉 약과학과, 약학과, 한약학과 〈성균관대〉 약학과 〈연세대〉 약학과 〈중앙대〉 약학부	수학Ⅰ 수학Ⅱ 미적분	화학Ⅰ 화학Ⅱ 생명과학Ⅰ 생명과학Ⅱ	확률과통계 기하	물리학Ⅰ
간호 / 보건	〈경희대〉 간호학과 〈고려대〉 간호학과, 바이오시스템의과학부, 바이오의공학부, 보건환경융합과학부 〈연세대〉 간호학과 〈중앙대〉 간호학과	수학Ⅰ 수학Ⅱ 확률과통계	생명과학Ⅰ 생명과학Ⅱ	미적분	화학Ⅰ 화학Ⅱ

보인다면 나름 **차별화**를 보여줄 수도 있습니다. 가령 생명공학계열을 지원하는 학생이 실험과 관련된 윤리적인 측면에 관심이 있어서 〈윤리문제 탐구〉를 듣고 이와 관련된 탐구활동을 진행했다면 좋은 평가를 받을 수도 있습니다. 하지만 여전히 자연계열학과들은 수학과 과학과목을 많이 들은 학생들을 좋아하는 경향이 있다는 것은 염두에 둬야 합니다.

어려운 과목	위계준수 (수학/과학)	이수과목 수	근거있는 차별화

수학과 과학에는 위계가 존재한다

자연계열학과들은 수학과 과학과목 이수를 매우 선호합니다. 당연히 질적 측면, 양적 측면 모두 평가 대상이며, 해당 과목의 내신과 학생부 기재 내용 역시 매우 중요합니다. 문제는 이러한 과목을 선택할 경우 반드시 각 과목의 '위계'를 고려해야 합니다. 즉 수학과 과학과목은 듣는 순서가 있습니다.

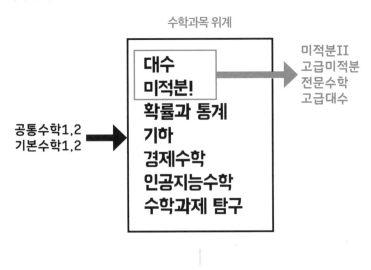

수학과목 위계

공통수학1,2
기본수학1,2
→
대수
미적분!
확률과 통계
기하
경제수학
인공지능수학
수학과제 탐구
→
미적분II
고급미적분
전문수학
고급대수

수학의 경우 〈미적분II〉나 〈고급미적분〉을 듣고 싶다며 〈대수〉와 〈미적분I〉을 듣고 나서 선택을 해야 합니다. 〈대수〉와 〈미적분I〉을 듣지 않고 〈미적분II〉를 듣는다면 대학은 감점을 할 가능성이 높습니다. 물론 〈대수〉와 〈미적분I〉은 수능과목이므로 대부분의 학생들이 이수하기 때문에 수학에서의 위계는 큰 문제가 되지 않습니다. 〈고급기하〉를 듣고 싶다면 〈기하〉를 먼저 이수하는 것이 좋습니다.

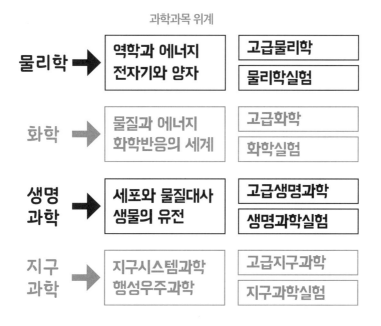

과학과목 위계

과학의 경우 2015개정교육과정의 과학II 과목들이 2022개정교육과정에서는 세분화되는 것이 특징입니다. 〈물리학II〉가 〈역학과 에너지〉, 〈전자기와 양자〉로, 〈화학II〉가 〈물질과 에너지〉와 〈화학 반응의 세계〉로, 〈생명과학II〉가 〈세포와 물질대사〉와 〈생물의 유전〉으로 〈지구과학

II〉가 〈지구시스템과학〉과 〈행성우주과학〉으로 바뀝니다. 이전에는 과학I 과목을 이수하지 않으면 해당하는 과학II 과목을 이수할 수가 없었습니다. 하지만 2022개정교육과정에서는 바뀝니다. 〈물리학〉을 이수하지 않더라도 〈역학과 에너지〉나 〈전자기와 양자〉를 이수할 수 있습니다. 물론 대학에서는 이렇게 위계를 지키지 않고 과목 이수하는 것을, 이전과 마찬가지로 감점을 줄 가능성이 있다는 것을 주의해야 합니다.

공학계열이라면?

학생이 공학계열을 지원하려고 한다며, 단연코 **중요한 과목은 수학**입니다. 〈대수〉, 〈미적분I〉, 〈확률과 통계〉는 수능시험과목이니 당연히 이수하겠지만, 수능시험과목이 아닌 진로선택과목인 〈기하〉와 〈미적분II〉도 마찬가지로 이수해야 합니다. 대부분의 대학에서 이 과목들은 핵심·권장과목으로 지정하고 있기 때문에 필수과목이라고 생각해야 합니다. 또한 대부분의 **공학계열 학과들은 〈물리학〉을 핵심·권장과목으로 지정**하고 있습니다. 어려운 과목이기는 하지만 감점을 받지 않으려면 이수하는 것이 좋습니다.

전공과 관련된 과학과목의 경우 일반선택과목뿐만 아니라 진로선택과목까지 이수하는 것을 기본으로 생각해야 합니다. 더 나아가 차별화를 위해서라면 '실험' 과목이라든지 '고급'이 붙은 과목을 선택하는 것도 한 **가지 전략**이 됩니다. 혹시 본인이 지원하는 학과에 맞는 과목을 잘 모르겠다면 지원 대학의 학과 홈페이지를 방문하는 것이 좋습니다. 그 학과에서 들어야 하는 필수 이수과목을 살펴보면 어떤 과목을 들어야 하는

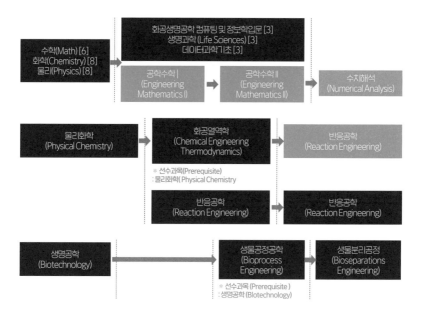

고려대학교 화공생명공학과 커리큘럼

지 알 수 있습니다.

　예를 들어 '화공생명공학과'를 지원하고 싶은 학생들이 '화공생명공학'
이라는 이름을 들었을 때, 〈화학〉과 〈생명과학〉 과목을 이수해야 하는
것은 바로 알 수 있습니다. 왠지 〈물리학〉은 상관이 없을 것처럼 느껴질
수도 있습니다. 하지만 이 학과의 커리큘럼을 보면 선수 과목으로 〈물
리화학〉이 있으며, 〈유체역학〉이라든지 〈화공열역학〉 같은 과목을 필
수로 들어야 합니다. 따라서 이 학과는 〈물리학〉 과목을 듣고 와야 합니
다. 실제로 고려대학교의 화공생명공학과는 〈물리학I〉을 핵심과목으로,
〈물리학II〉를 권장과목으로 제시하고 있습니다. 이처럼 자신의 학과가

어떤 과목을 중시 여기는 지 알고 싶다면 그 학과의 커리큘럼을 살펴보는 것도 한 가지 방법이 될 수 있습니다.

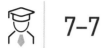
불가피하게
선택하지 못했다면

공동교육과정을 활용하자

고교학점제 시행으로 분명히 이전보다 과목 선택의 범위는 확대가 될 것입니다. 하지만 학교 현장에서는 구조적인 문제가 여전히 해결되기 어려운 상황은 변치 않고 있습니다. 고교학점제 발표 시점부터 학교 현장에서는 과목 선택의 확대를 환영했지만, 교사 수급과 학교 공간의 문제를 꾸준히 제기해 왔습니다. 학교 공간 문제는 정부와 교육청에서 많은 예산을 투입해서 지금도 해결하고자 노력하고 있습니다. 교사 수급 문제는 해결될 기미가 전혀 보이지 않습니다. 2015개정교육과정에서도 학생들의 과목 선택은 이론적으로는 폭이 꽤 넓었습니다. 하지만 교사 수급이라는 문제를 해결하지 못한 채 현실적인 선택에 제한이 있었습니다. 이게 고교학점제를 한다고 해서 해결될지는 요원해 보입니다.

어찌 되었던 고교학점제로 인해서 학생들의 과목 선택의 폭은 이전보다 넓어지는 것은 분명합니다. 하지만 학교의 여러 사정상 학교의 교육과정에 모든 과목을 포함할 수는 없습니다. 또한 전학 등의 이유로 학교를 옮겼지만 듣고 싶은 과목이 이전 학기, 혹은 학년에 배치되어 들을 수 없는 경우도 발생할 수 있습니다. 학생은 듣고 싶었지만 학교의 여건으로 인해서 선택하지 못할 경우, **정부와 각 지역 교육청은 공동교육과정**이라는 훌륭한 대안을 마련해 놓고 있습니다. 고교학점제가 전면 실시될 2025학년에는 모든 과목을 담고 있는 온오프 관련 교육과정이 확대될 예정입니다.

공동교육과정을 통해서 듣고 싶은 과목을 듣는 조건은 해당 과목이 학교에 개설되지 않은 경우에 한합니다. 전학 등의 이유도 여기에 포함됩니다. **학교 교육과정에 개설된 과목의 경우는 해당 과목을 공동교육과정을 통해서 이수할 수 없습니다.** 현재 대부분의 공동교육과정에는 심화 혹은 전문과목 위주로 개설되어 있는 경우가 많습니다.

이때 주의할 점은 **수학과 과학과목의 경우 위계를 지키는 것이 중요합니다.** 〈물리학I〉을 듣지 않고 〈물리학실험〉을 선택할 수는 있지만, 대학에서는 이에 대해서 그리 좋은 평가를 내리지는 않을 겁니다. 물론 학생이 〈물리학I〉을 선택하지 않고 나서 나중에 물리학에 관심을 가지게 되고 이를 공동교육과정에 개설된 〈물리학실험〉을 이수함으로 보완하려는 시도가 부정적인 것만은 아닙니다. 하지만 〈물리학I〉을 듣고 〈물리학실험〉을 이수한 학생보다는 우수한 평가를 받기는 힘듭니다.

지역에 따라서 공동교육과정은 〈공유캠퍼스〉, 〈거점형 선택교육과

고교학점제 홈페이지 메인화면

정〉, 〈온라인 공동교육과정〉 등 다양한 이름으로 운영되고 있습니다. 고교학점제 홈페이지(https://www.hscredit.kr)를 방문하면 각 교육청별 다양한 공동교육과정을 보실 수 있습니다.

공동교육과정은 온오프 수업으로 진행하며, 학교에 따라서 과목이 다릅니다. 방과후나 주말을 이용해서 수업이 진행되므로 자신의 학습 스케줄을 고려해서 신청해야 합니다.

공동교육과정을 통한 과목 이수는 학생의 자기주도적인 모습을 보여줄 수 있습니다. 학생부종합전형에 합격한 학생들을 보면 많은 학생들이 이러한 **공동교육과정을 통한 자기주도적인 과목 선택의 노력**을 보여주고 있습니다. 대학 역시 이런 노력에 대해서 좋은 평가를 하고 있습니다. 보통 2,3학년 수업이 주를 이루고 있으므로 **자신의 주 전형과 학습 스케줄을 고려해서 선택해야** 합니다. 특히 직접 해당 학교로 이동해서 듣는 수업이 상당수이므로 그날 하루를 다 소비할 수 있습니다. 또한 **학교수업과 마찬가지로 시험과 수행평가가 존재하며, 교과세특 500자도 동일하게 기재됩니다.** 학교에서 듣지 못하는 수업을 들을 수 있고 추가적인 교과세특이 생긴다는 장점이 분명하지만, 시간 부담이 만만치 않다는 양면성을 지니고 있습니다. 하지만 고교학점제에서는 학생부교과전형이든, 학생부종합전형이든 모두 과목 선택과 학생부가 중요한 평가 요소이므로 여유가 있다면 듣는 것이 좋습니다.

이때 주의할 점은 **고교학점제에서는 기초과목(국어, 수학, 영어)의 이수 학점이 전체의 50%(81학점)를 넘으면 안 됩니다.** 즉, 공동교육과정을 통해서 국수영 과목들을 이수 시 자신의 전체 이수 학점에서 50%를 넘지 않는지 확인해야 합니다.

주도성	**학교교육 과정에 없음**	**위계 준수**	**기초과목 50% 초과X**

창체활동을 활용하자

본인의 여건상 공동교육과정을 통한 과목 선택을 할 수 없던가, 아니면 특정 과목이 없는 경우 창의적 체험활동을 통해서 자신의 전공에 대한 관심도를 보여줘야 합니다. 특히 전공 관련 교과 진로탐구활동으로 자신의 전공에 대한 관심도를 주도적으로 드러내야 합니다. 창체활동의 경우 학생의 자유도가 높으므로 자신이 관심 있는 영역의 심화활동을 보여 준다면, 과목 선택의 미흡한 점을 조금은 상쇄할 수 있을 겁니다.

과목 선택 중요성 및 주의 사항

- 이제 교과, 학종, 정시에서 본다
- 자신의 전형, 성향 고려해야
- 자연계열 핵심 권장 이수 교과
- 자연계열 수학과 과학이 중요하다
- 대학이 요구하는 거 안 하면 감점
- 공동교육과정 / 창체활동 활용

chapter **8**

탐구활동,
어떻게 해야 하나

8-1

탐구역량, 중요한 평가 요소

탐구역량은 예전에는 학생부종합전형에서만 다루던 평가 요소였습니다. 하지만 지금은 일부 대학의 교과전형에서 평가 요소로 다루고 있으며, 고교학점제를 바탕으로 한 2028대입에서는 논술을 제외한 모든 전형에서 평가 요소로 자리 잡게 될 것입니다. 2028대입에서는 내신의 5등급 상대평가와 수능에서의 평가 과목과 범위의 축소로 인해서 숫자의 위력이 이전보다 약해질 것이고, 학생부 서류를 포함한 다른 요소의 위력이 반대 급부로 늘어날 것입니다.

이제 탐구활동은 학생부종합전형을 준비하는 학생들만 해야 하는 활동이 아닙니다. 선호도 높은 인서울권 대학을 지원하려는 학생들이라면 정도의 차이는 있겠지만, 모두 준비해야 하는 활동으로 자리매김하게 될 것입니다. 중학생이라고 해서 지금 할 필요가 없다고 생각하면 안 됩니다. 수학이나 영어는 선행학습을 하면서, 왜 탐구활동은 미리 해볼 생각을 가지지 않을까요?

탐구활동은 다른 학습과는 달라 **빌드업이 필요하며 준비 시간이 필요합**니다. 따라서 간단하게라도 중학교에서는 독서나 서평쓰기, 신문 스크랩 같은 활동을 해봐야 합니다. 자신의 관심사가 무엇인지 파악해 보고 더 나아가 자신의 진로에 대해서 고민해 봐야 합니다. 고등학교에 와서 한다면 학생부의 구체성이 점점 뒤로 밀리게 됩니다.

탐구활동의 영역

　탐구활동의 영역은 한계가 없습니다. 보고서만이 탐구활동으로 인정 받는 것이 아닙니다. 독서나 신문 스크랩, 논문 분석 등도 모두 탐구활동 의 한 영역입니다. 중요한 것은 탐구활동이 서로 연계가 되어야 한다는 것과 그 모든 것이 수업시간에 배운 교과지식 기반이어야 한다는 점입니다. 또한 그러한 탐구활동의 방향성이 자신의 관심사 즉, 전공을 가리켜야 합니 다. 탐구활동이 어렵다고 느껴지는 것은 어떻게 시작하는 것이 좋은지 몰라서 그렇습니다.

　탐구활동은 사실 그리 어려운 것이 아닙니다. 대학이 학생에게 요구 하는 탐구활동은 대학생 수준의 것이 아닙니다. 딱 고등학교 수준에서 할 수 있는 것을 얼마나 잘해 냈는지를 살펴봅니다. 물론 그 와중에 약간 의 수준을 넘어서는 것이 있으면 좋겠지만, 그것이 필수적인 것은 아닙 니다. 자신이 관심 있어 하는 것이 무엇인지 파악하고, 배운 것에 대해서

의문을 품고, 그것에 대해서 질문을 해보고, 그 답을 찾기 위해서 여러 가지 활동을 해내는 것입니다. 그리고 그것을 하나의 형식인 보고서 형태로 마무리를 짓는 것이 바로 탐구활동입니다.

**탐구활동의
시작**

시작은 간단합니다. 자신의 주변을 주의 깊게 살펴보고, 그것에 대해서 의문을 품어보세요. 그게 바로 탐구활동의 시작점입니다. 사소해서 지나치기 쉬운 문제나 관심이 없어 미처 생각해 보지 못한 부분에서 시작해 보세요. 그것을 시작으로 그 상황이나 문제에 대해서 자신의 관심사와 연결해서 자신만의 날카로운 문제 제기를 해보는 겁니다. 그 문제 제기를 자신만의 시각으로 해석해서 탐구주제를 잡아보는 겁니다.

예를 들어 놀이공원에 놀러 갔다가 그곳에서 즐겁게 시간을 보내시는 어르신을 봤다고 칩시다. 가족이나 젊은 사람들이 주로 가는 놀이공원에 어르신들이 시설들을 이용하신다면 이런 생각이 들 겁니다. '어? 왜 어르신들이 놀이공원에서 노시지?' 이게 바로 탐구활동의 시작입니다. 그다음에 전에 봤던 '고령화 사회로 접어드는 한국'이란 기사 하나가 생각이 납니다. 그 기사에서는 한국이 세계적인 고령화 사회 초입에 들어

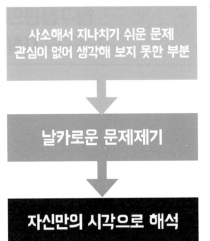

사소해서 지나치기 쉬운 문제 관심이 없어 생각해 보지 못한 부분	놀이공원에서 즐겁게 시간을 보내시는 어르신을 봄. '어? 왜 어르신들이 놀이공원에서?
날카로운 문제제기	〈고령화 사회로 접어드는 한국〉 기사 읽고 '과연 고령화 사회가 안 좋은 것인가?' 라는 의문이 생김
자신만의 시각으로 해석	어르신의 경험도 살리고, 신체적 제한이 없는 가상세계에서의 아바타에 대한 연구를 시작

섰다는 내용 다루고 있었는데, 문득 '과연 고령화 사회가 과연 우리나라에 안 좋은 것인가?'라는 의문이 생깁니다. 이를 자신이 평소에 관심이 있던 분야인 '가상세계'와 연계하여 어르신의 경험도 살리고, 신체적 제한이 없는 가상세계에서의 아바타에 대한 연구를 시작하게 됩니다. 이게 바로 탐구활동을 시작하는 방향입니다.

어려워 보이시나요? 아닙니다. 그냥 아무 생각 없이 그냥 지나치던 것들을 다시 한번 보고, 새로운 질문을 해보는 겁니다. 자신이 한 모든 질문이 탐구로 연결되는 건 아닙니다. 수많은 질문을 해보고, 그중 하나를 골라 자신만의 시각으로 해석을 하는 것입니다. 그리고 그에 대한 연구를 시작하면 됩니다.

8-4

탐구활동의 근간은 교과기반 지식

탐구활동의 시작점이 무엇인지 우리는 살펴봤습니다. 하지만 이러한 질문들이 수업시간에 배운 교과지식과 연결이 된다면 탐구활동은 폭발성을 갖게 됩니다.

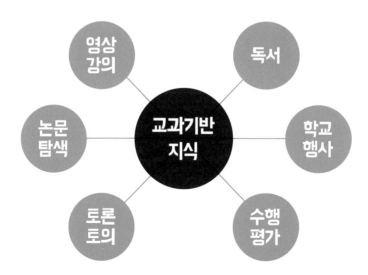

대학이 선호하는 지점도 바로 여기입니다. 자신의 관심사와 질문들이 수업시간에서 배운 지식과 이어질 때, 진정한 배움이 발생하게 됩니다. 탐구 내용은 점점 깊어지게 되고, 이러한 심화와 확장이 대학에서까지 이어지기 때문입니다. 그래서 수업이 중요하고, 교과지식이 중요한 겁니다. 수업시간에서 배운 이론적 근거를 바탕으로 자신의 관심사를 확장시켜서 학교의 여러 활동과 연계되면 탐구의 폭과 깊이는 더더욱 심화되게 됩니다. 한마디로 선순환 과정을 거치게 됩니다.

탐구활동은
프로젝트다

흔히 우리는 탐구활동을 하나의 활동으로 규정하려고 합니다. 하지만, 단 1개의 활동으로 구성된 탐구활동은 존재하지 않습니다. 어떤 주제를 정하고, 이에 대한 자료를 수집하고, 이를 발표하고, 다시 독서를 통해서 지식 탐구를 심화하고, 이를 모두 모아서 하나의 보고서로 작성하는 과정이 바로 탐구활동의 실제 모습입니다. 하지만 실제 학생들의 학생부를 살펴보면 이러한 탐구활동의 과정은 사라지고 '보고서 작성'이라는 하나의 활동만 남아있는 경우가 상당합니다. 이럴 경우 흔해진 탐구활동이 차별성을 갖지 못하게 되며, 그저 그런 학생부로 남게 되는 경우가 많습니다.

 세계시민성장프로젝트(2024.06.01.-2024.08.30)에 참여하여 '공정무역 이야기'를 주제로 개발도상국의 노동 인권문제와 공정무역의 중요성에 대해 탐구하여 보고서를 작성하고 발표함. 구체적인 사례로 팜유는 열대우림을 파괴하여 야생동물들이 서식지를 잃게 만들 뿐만 아니라, 값싼 인도네시아의 노동력을 바탕으로 생산되고 있다는 사실을 알림. 선진국의 풍요로운 먹거리는 빈곤 국가에 고통과 환경파괴를 외주화하여 가능하단 사실을 지적하고, 소비자로서 공정무역의 중요성을 인지하고 가치소비를 하여 영향력을 행사할 수 있다고 주장함.

위 학생부 기재를 보면 학생은 수학 수업과 연계하여 학생이 '공정무역 이야기'를 주제로 어떤 내용으로 탐구활동을 한 것을 알 수 있습니다. 보통 대부분의 학생들은 이런 식으로 탐구활동을 진행하고 이렇게 학생부에 기재가 됩니다. 물론 이런 식으로 탐구활동을 진행하는 것이 나쁘다는 것은 아닙니다. 다만, 이 정도의 탐구활동은 누구나 할 수 있고 학생부를 챙기고자 하는 학생들은 갖게 되는 내용이라는 점입니다. 기왕이면 **자료 수집 과정과 독서와의 연계, 후속 활동 등이 함께 기재가 되어 있다면 훨씬 좋은 기재가 되었을 겁니다.**

세계시민성장프로젝트(2024.06.01.-2024.08.30)에 참여하여 '공정무역 이야기'를 주제로 개발도상국의 노동 인권 문제와 공정무역의 중요성에 대해 탐구하여 보고서를 작성하고 발표함. '사회 선생님이 들려주는 공정무역 이야기(전국사회교사모임)'를 읽고, 빈곤 국가의 아동 노동 및 저임금 노동 착취 문제의 심각성을 알게 됨. 또한 소비자의 윤리적인 선택을 바탕으로 문제점 해결에 기여할 수 있다는 점을 배움.[독서활동 내용 추가] 구체적인 사례로 팜유는 열대우림을 파괴하여 야생동물들이 서식지를 잃게 만들 뿐만 아니라, 값싼 인도네시아의 노동력을 바탕으로 생산되고 있다는 사실을 알림. 선진국의 풍요로운 먹거리는 빈곤 국가에 고통과 환경파괴를 외주화하여 가능하단 사실을 지적하고, 소비자로서 공정무역의 중요성을 인지하고 가치소비를 하여 영향력을 행사할 수 있다고 주장함. 인간과 환경을 모두 고려하는 공정무역의 필요성을 홍보하는 포스터를 제작하고 소셜미디어에 공유하는 캠페인 활동을 진행함.[후속 활동 추가]

여기서는 보고서의 내용만 있는 것이 아니라, 이 보고서를 위해서 **읽은 독서의 내용과 후속 활동이 함께 기재**되어 있습니다. 같은 탐구활동이지만 탐구활동의 하나의 과정으로 독서활동을 수행했다는 점과, 보고서 작성 이후 자신의 배운 내용을 친구들과 공유하고자 직접 캠페인 활동을 했다는 내용이 추가가 되면 전혀 다른 수준의 학생부가 나오게 됩니다.

01 활동 참여/관심사/호기

02 조사(책, 기사, 논문, 영상)

03 발표

04 후속 조사 (책, 기사, 논문, 영상)

05 보고서

탐구
1 SET

여러분은 기억해야 합니다. **탐구활동은 단순한 보고서 작성 활동이 아닙니다.** 학교에서 한 다른 활동과 함께 연계돼서 **하나의 커다란 프로젝트**화하는 것이 차별화된 탐구활동입니다. 보고서의 내용이 들어가는 것은 당연하지만, 보고서가 나오기까지 관련 자료를 조사한 과정(보통은 논문 검색이나 독서, 인터넷 검색입니다)이 함께 기재되어야 합니다.

그중 특히 중요한 것은 '독서활동'입니다. **탐구활동의 핵심은 '독서'와 '보고서 작성'**이라는 사실 기억해야 합니다. 그리고 탐구활동을 통해서 알게 된 내용을 직접 실천하는 행동하는 모습(예를 들어 캠페인 활동이나 산출물 제작, 실험)이 후속 활동으로 진행하는 것이 좋습니다.

여러분이 해야 할 일 : 3R2P

이처럼 탐구활동이 하나의 활동에 그치지 않고 여러 활동을 집합체인 프로젝트화를 하기 위해서는 여러 가지 활동을 진행해야 합니다. 하지만 이게 말이 쉽지 학생들이 실천하기에는 힘이 들 수도 있습니다. 그래도 좋은 학생부를 얻기 위해서는 해야 합니다. 학생들은 여기에 있는 '3R2P'를 명심해야 합니다.

3R	Read Research Report	읽고 조사하고 보고서쓰고
2P	Post Present	게시하고 발표하라

Read 읽고

기본적으로 '지식'은 읽어야 자신의 것이 됩니다. 그 대상이 책이든, 잡지든 읽어야 합니다. 영상으로 접하는 것과 활자로 접하는 것은 뇌가 받아들이는 수준이 다릅니다. 영상의 경우 시각적인 자극을 통해서 정보를 전달해서 쉽게 이해할 수 있다는 장점이 있지만, 결국 수동적인 정보습득에 그칠 가능성이 높습니다. 책을 통할 경우 조금 더 자기주도적인 정보습득이 되며, 집중력과 상상력을 향상시키게 됩니다. 또한 글을 읽고 정보를 찾는 능력을 향상시켜 수능 국어의 비문학 파트에 대한 대응력을 키울 수 있습니다.

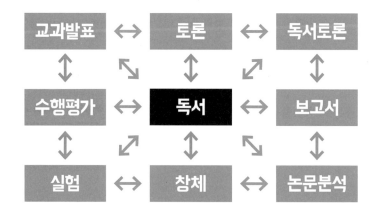

학교활동에서 **가장 기본이 되는 활동이 바로 '독서'**입니다. 교과 관련 발표가 되었든, 보고서가 되었든, 수행평가가 되었든 독서를 통한 정보습득이 바탕이 되어 있어야 그 내용의 질이 올라가게 됩니다. 단순한 독서 감상문 수준의 활동에 그쳐서는 안 됩니다. 어떠한 책을 읽고 그 줄거리와 감상을 적는 활동이 주는 임팩트는 거의 '제로(0)'에 가깝습니다. 독서 활동이 그 가치를 발휘하는 경우는 활동의 동기, 활동의 추후 활동 그리고 활동과 활동을 이어주는 다리 역할을 할 때입니다.

책이나 기사 혹은 논문을 읽을 때 가장 중요한 것은 바로 '질문'을 해보는 것입니다. '이건 왜 이러지? 이러면 어떨까?'라는 질문을 해보고 그 질문에 답을 찾기 위해 떠나는 여정이 바로 탐구활동입니다. 예를 들어 〈삼체〉라는 소설을 읽고 고전 역학 문제인 '삼체문제'란 무엇인지 질문을 하고, 이를 해결하기 위해서 아이작 뉴턴의 연구를 탐구할 수도 있습니다. 아니면 이를 사람의 관계와 연결 짓고, '왜 사람이 세 사람 이상이 모이면 인간관계가 예측 불가능해질까?'라는 질문을 하고 이를 해결하기 위해서 심리학과 관련된 연구를 시작할 수도 있습니다.

읽다가 중요한 부분이나 무언가 임팩트가 있는 부분은 따로 정리해두는 것도 좋습니다. 책이나 기사의 경우 교과서처럼 시험을 위해서 읽는 것이 아니기 때문에 한번 보고 나서 나중에 어디서 읽었는지 잘 기억이 나지 않는 경우가 많습니다. 이런 부분들은 나중에 보고서나 발표를 할 때 사용할 수 있는 부분이니까, 정리를 해두면 두고두고 쓸모가 있을 겁니다.

보통 책 같은 경우 혼자 읽는 경우가 많습니다. 당연히 혼자 읽으면서 질문도 해보고, 정리도 해보는 시간을 가지는 것이 대부분일 것입니다. 여기에 같은 책을 두고 친구들과 함께 읽어보는 것도 다른 의미에서 좋습니다. 완독이 하릴없이 길어지는 특성이 있기에 친구들과 함께 한다면 아무래도 **책임감이 생기므로 안전장치 역할**을 하기도 합니다. 또한 읽고 나서 친구들과 책에 대해서 토론을 해볼 수도 있고, 서로의 질문에 대해서 답을 해볼 수도 있습니다. 더 나아가 그 친구들과 함께 **공동탐구활동**을 진행해 보는 것도 좋은 경험이 될 것입니다.

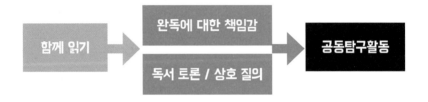

책을 읽은 다음에 친구들과 독서토론을 해보는 것뿐만 아니라 **그 책에 대한 서평**을 써보는 것이 좋습니다. 줄거리보다는 그 책에서 인상 깊었던 부분과 이유, 독서 이후 후속 활동에 대한 계획을 써보는 것입니다. 또한 그 책을 다른 사람에게 추천하는 추천서를 작성해 보는 것도 추천합니다. 또한 이를 광고로 만들어서 **책광고 제작**도 해볼 만합니다. 친구들과 함께 한다면 서로 작성한 서평이나 추천서를 모아 하나의 문집을 만들어보는 것도 좋은 경험이 될 것입니다. 물론 이러한 독서활동은 독서활동으로 그쳐서는 안 됩니다. **수행평가나 보고서, 발표로 이어지는 연계 포인트로 활용해야 한다**는 사실 꼭 기억해야 합니다.

Research 조사하고

조사(Research)는 탐구활동의 기본 활동입니다. 주제에 대한 자료를 탐색하고 자신이 원하는 자료를 찾는 것은 생각보다 어렵습니다. 어느 정도 노하우가 필요한 작업입니다. 단순히 포털에서 키워드를 검색해서 앞에 나오는 블로그의 글을 찾는 게 아닙니다. 블로그의 글은 그냥 참조할 자료라고 봐야 합니다. 간혹 어떤 친구들은 블로그 글을 그대로 가져와서 보고서나 발표자료를 만들기도 합니다. 어떤 학생은 유튜브 자료를 그대로 제출하기도 합니다. 그런 것은 다른 친구들과 겹칠 수도 있고, 결국 학생부 전체를 보면 1~2줄짜리 기록밖에 되지 않습니다. 고등학교 선생님들은 그리 호락호락하지 않습니다. 보고서나 발표만 봐도 그 학생이 얼마나 열심히 탐구활동을 했는지, 그냥 블로그 글을 붙여넣기 했는지 알 수 있습니다.

자료 검색은 포털사이트에서만 하는 것이 아닙니다. **기사 검색**이 될 수도 있고, **논문 검색**이 될 수도 있습니다. 요즘은 AI를 통해서도 많은 자료를 얻을 수도 있습니다. 다만 블로그 글이나 AI 자료 같은 경우는 사실과 부합되지 않는 가짜 글도 많습니다. 이런 것을 판별하는 것도 어느 정도 내공이 필요합니다. 그래서 필요한 것이 바로 제대로 된 검색이고 어느 정도의 배경지식이 필요합니다. (독서의 중요성이 여기서 발휘됩니다)

중요한 것은 탐구활동의 주제를 정한 뒤에는 제대로 된 자료조사가 필요하다는 점입니다. 지금은 마음만 먹으면 웬만한 자료를 얻을 수 있습니다. 이 과정이 귀찮을 수도 있습니다. 그래서 상당수의 친구들은 다양한 자료를 검색하기보다는 블로그 글 정도만 찾아보곤 합니다. 앞에서도 언급했지만, 탐구활동의 산출물인 보고서나 발표의 질은 참고자료의 질과 양으로 결정됩니다. 고등학생의 탐구활동은 무언가 거창한 결과를 만들어내는 것이 아닙니다. 고등학교 교육과정 수준에서 자신의 관심사에 맞는 주제를 정하고 이에 대한 자료를 찾아보고, 그것을 요약한 뒤 자신의 의견을 제시하는 것만 해도 훌륭한 결과물이 나옵니다. 여기에 자료에 대한 분석이나 평가, 그리고 대안 제시 등이 곁들어지면 정말로 좋습니다.

논문 검색 | 요즘 들어 조금은 높은 수준의 탐구활동을 하려는 학생들이 논문 검색을 많이 합니다. 주로 사용하는 사이트로는 **DBpia, 구글 학술검색, 네이버전문정보**를 많이 이용합니다. 논문 자체를 고등학생들이 보기에는 상당히 어려운 내용이 많습니다. 그래서 '소위 있어 보이는' 주제를 고르기보다는 **'자신이 관심 있어 하는'** 주제를 키워드로 잡아야 합니다. 그리고 논문 자체를 읽어보기 전에 **'논문 초록'**을 읽어볼 것을 추천합니다. **'논문 초록'**은 논문의 핵심내용을 1~2페이지로 요약한 글입니다. 논문의 전체적인 방향성과 연구 내용, 주제나 결과 등을 알 수 있습니다. '논문 초록'만 읽어보는 것도 탐구활동을 하는 데 큰 도움이 됩니다. 논문 검색은 탐구활동의 주제를 잡는 데도 도움이 됩니다. 자신이 AI와 교육 분야에 관심이 많다면, 논문 사이트에서 [AI, 교육]이라는 키워드로 검색을 해보면 그와 관련된 논문 제목이 주르륵 뜹니다. 이 **제목만 보더라도 탐구활동의 주제를 잡는 데 도움이 됩니다.**

영상 검색 | 요즘은 영상도 예전과는 달리 수준 높은 내용을 담고 있습니다. 어떤 영상의 경우 전문가 수준으로 정리가 되어 있어 해당 분야에 대한 체계적인 내용을 담고 있기도 합니다. 학생들의 경우 영상에 익숙하기에 조금 더 도움을 받는데 편할 수도 있습니다. 자신이 관심 있어 하는 분야의 개념이나 내용을 시각적으로 설명해 주기에 책 등의 활자 자료보다 더 이해하기 쉬울 수도 있습니다. 하지만, 앞에서도 언급했다시피 **영상이 주는 정보는 학생이 수동적으로 받아들일 수밖에 없기에 자신의 지식으로 만들기가 힘듭니다.** 영상 검색을 통해서 얻는 자료는 반드시 **활자 자료(책이나 논문, 기사)와 함께 비교하면서 활용**해야 합니다.

또한 유튜브 등의 영상 말고도 대학 교수님들의 수업 영상을 활용할 수도 있습니다. KMOOC, KOCW, TED 등에서 다양한 전공 분야의 수업을 들을 수 있습니다. 모든 수업을 들을 필요는 없습니다. 자신이 관심 있어 하는 분야의 강의 한 개만 들어도 됩니다. 대학 교수님이 해주는

탐구활동에 도움이 되는 사이트 모음

1 **KMOOC**(http://www.kmooc.kr)
고품질의 대학 수준 강의, 배경지식, 연구주제 검색

2 **KOCW**(http://www.kocw.net)
대학 현강을 들을 수 있는 사이트. 연구주제와 배경지식 검색

3 **한국교육정보원**(http://www.riss.kr)
우리나라 대표적 논문 검색 사이트

4 **국가과학기술정보센터**(http://www.ndsl.kr)
최신 과학기술 이슈와 트렌드. 해외저널제공

5 **국회도서관**(http://www.nanet.go.kr)
수많은 자료들! 모두 무료!!

6 **구글학술 검색**(https://scholar.google.co.kr)
학술논문, 단행본, 초록 검색가능

7 **빅카인즈**(https://www.bigkinds.or.kr)
국내 최대 뉴스&트렌드 검색사이트. 주제 검색시 유용

8 **국가통계포털**(http://kosis.kr/index/index.jsp)
각종 통계자료는 여기서

9 **디비피아**(http://www.dbpia.co.kr)
유료사이트. 학생들이 가장 많이 사용하는 논문 검색 사이트

10 **네이버 전문정보**(http://academic.naver.com)
각종 논문, 서식, 통계, 리포트, 초록 제공

11 **뉴딕 어피드**(https://newneek.co)
최신 이슈 뉴스레터 제공

12 **TED Ed**(https://ed.ted.com)
학생 수준의 다양한 주제 강의. 영어로 되어 있지만, 자막 활용

상경계열에 도움이 되는 사이트 모음

1 한국은행 경제연구원 – 금융정책, 경제용어, 경제이야기 등
(https://www.bok.or.kr/imer/main/main.do)

2 금융감독원 e–교육원
(https://www.fss.or.kr/edu/fec/contMng/subMain.do?menuNo=300131)

3 KOTRA 해외시장 뉴스
(https://dream.kotra.or.kr/kotranews/index.do)

4 KDI 경제정보센터 – 국내외 경제 정책 자료
(https://eiec.kdi.re.kr)

5 KITA 한국무역협회 – 연구보고서, 통상보고서 추천
(https://www.kita.net)

6 우리금융경영연구소 – 경제, 금융시장, 경영전략, ESG 관련
(https://www.wfri.re.kr/ko/web/main.php)

7 LG경영연구원 분석보고서
(https://www.lgbr.co.kr/index.do)

8 오픈애즈 – 마케팅 인사이트, 트랜트
(https://www.openads.co.kr/home)

9 한국경제신문 생글생글 (강추)
(https://sgsg.hankyung.com)

10 매일경제 신문사
(https://www.mk.co.kr)

11 한국경제 신문사
(https://www.hankyung.com)

수업이니 수준이 높기는 하지만, 알기 쉽게 설명해 주는 강의가 많습니다. 이런 강의들은 대부분 무료로 제공되고 있습니다. 물론 KMOOC나 KOCW에서 강의를 들었다라는 내용은 학생부에 기재가 되지 못합니다. 하지만 충분히 탐구활동의 동기라던가 보고서를 작성하는 데 도움이 됩니다.

수학 관련 영상인 '불확실성을 다루는 수학'을 보고 확률론에 나오는 확률, 기댓값, 분산, 표준편차, 대수의 법칙과 같은 이론을 정리해 봄. 특히 우리 사회가 불확실성을 어떻게 이해하고 통제할 수 있는지에 대해 관심을 가지고 '비가 폭우로 이어질 조건부 확률과 폭우 횟수 표준편차'를 주제로 보고서를 작성함. 기상청 기상자료개방포털의 강수일수와 강수량 자료를 이용하였으나 집중호우 일수 자료를 찾을 수 없어 일 강수량 자료로 간접적으로 구해봄. 2020년부터 2022년까지 6~11월의 강수확률을 강수일수/3달일수로 구하고 비가 집중호우로 내릴 확률을 집중호우일수/강수일수로 구한 결과 6~8월의 집중호우 조건부 확률이 높고 특히 8월이 가장 높았음을 설명함. 9~11월은 한대제트의 영향으로 가을비가 내려 강수확률은 높지만 집중호우로 내릴 확률은 적었다는 사실도 소개함. 강수량의 평균과 표준편차를 구해 정규분포 그래프로 나타내어 발표함.

특히 네이버에 있는 서울대 지식교양 강연인 〈생각의 열쇠 천 개의 키워드〉 강의는 다양한 분야의 내용을 서울대 교수님들께서 알기 쉽게 설

명해 주고 있어서 개인적으로 강추하는 강의입니다. 인문, 사회과학, 자연과학 등 기초 교양 분야에 대한 1,000개의 키워드로 강의가 구성되므로 웬만한 주제를 모두 다루고 있다고 보면 됩니다.

Report 보고서 쓰고

탐구활동의 최종 단계라고 할 수 있는 보고서 쓰기입니다. 수업, 독서, 수행평가, 진로탐색활동 등 다양한 활동과 연계해야 하는 활동입니다. 다른 탐구활동도 마찬가지지만 하나의 활동만 이루어진 탐구활동의 가치는 그리 높지 않습니다.

소위 이야기하는 '빌드업(Build-up)' 과정이 반드시 존재해야 하는 활동이 바로 보고서 쓰기입니다. 교과세특이든 창체활동이든 학생부 항목에 '~라는 주제로 보고서를 작성함'이라는 문구가 들어가야 합니다. 사실 현재도 상당수 많은 학생들이 이런 보고서활동을 합니다. 하지만 중요한

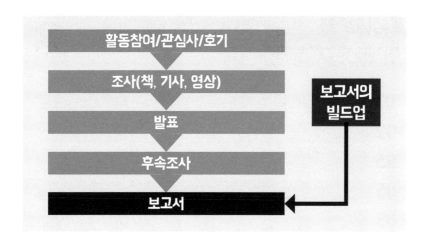

건 과연 이런 보고서활동이 이루어지기까지 학생들이 관련 활동을 해왔느냐 하는 것이 다른 학생부에 기재되어 있냐 하는 겁니다. **단순한 보고서 제출은 좋은 평가를 받기 힘듭니다.** 주제가 아무리 있어 보이더라도 그에 걸맞은 빌드업 과정을 보여주지 못한다면 그것은 좋은 보고서가 될 수 없습니다.

Post 게시하고

학생들은 자신이 한 활동을 자신만 아는 경우가 많습니다. 보고서를 쓰든, 발표를 하던, 책을 읽던, 기사분석을 하든, 탐구활동의 과정으로만 여기고 학생부 기재 자체에만 신경을 쓰곤 합니다. **학생부 기재에는 아주 유명한 말이 있습니다. '왼손이 하는 일을 오른손이 알게 하라'.** 맞습니다. 자신이 하고 있는 활동을 널리 알려야 합니다. 담임선생님이 알아야 하고, 본인 수업에 들어오시는 교과 선생님들이 알아야 합니다. 협업활동을

보고서 작성하기

1. 서론

보고서의 서론은 연구를 하게 된 동기를 적어줍니다. 수업시간에 배운 것에 대한 궁금증이나 호기심이 될 수도 있고, 책을 읽다가 문득 생각이 난 질문이 될 수도 있습니다. 어떻게 내가 이 보고서를 쓰게 되었나에 대한 동기를 적어줍니다. 이 부분에는 탐구활동을 하는 목적도 들어가야 합니다. 동기와는 다르게 연구 목적은 말 그대로 이 연구를 통해서 무엇을 알고 싶은가를 의미합니다.

2. 이론적 배경

자신이 하고자 하는 연구(탐구)와 관련된 가설을 제시하고 이를 뒷받침하는 이론적 개념(교과지식)이 들어갑니다. 간혹 가설 제시를 어려워하는 학생들이 있습니다. 가설은 별거 아닙니다. 자신이 이 탐구를 통해서 알고자 하는 문제가 바로 가설입니다. 이때 주의할 점은 다른 자료의 내용을 복사하는 수준이 아니라 자신이 한번 정리를 하고 요약한 부분을 넣어줘야 한다는 점입니다. 그냥 가져다 붙이는 경우라면 표절 검색에서 필터링이 될 수 있습니다. 또한 보고서에 들어가는 여러 전문용어에 대한 설명을 넣어주는 것도 좋습니다. 이때 관련 이론이나 개념의 도표나 그림 등을 넣어주어야 합니다.

3. 연구 방법

자신의 탐구 과정에 대한 내용이 들어갑니다. 어떤 식으로 관련 자료를 수집했으며, 그 자료의 내용과 분석을 넣어주어야 합니다. 설문조사를 했다면, 조사인원은 누구를 대상으로 했으면 인원은 몇 명인지, 그 설문조사의 내용은 어떠했는지 써주어야 합니다. 그리고 이를 토대로 통계자료를 어떻게 사용하는지에 대한 방법도 필요합니다. 즉 실험이나 데이터 수집 방법을 구체적이고 자세하게 기술해야 합니다.

4. 연구 결과

자신의 탐구활동의 결과를 기재합니다. 이때, 자신의 예측한 결과와 실제 결과를 비교하고, 이에 대한 사실을 기록해야 합니다. 예측과 실제가 다르다고 임의로 결과를 바꾸면 안 됩니다. 결과를 글로 쓰는 것도 좋지만, 기왕이면 도표나 그래프, 표로 시각화해서 명확하게 보여주는 것이 좋습니다. 이때 결과에 대한 해석도 포함되어야 합니다.

5. 결론 및 고찰

연구 결과에 대한 자신이나 모둠원, 지도 교사의 의견을 기재합니다. 예측 결과와 실제 결과가 다르다면 왜 다른지에 대한 이유를 적습니다. 이에 대해 참고한 내용이 있다면 함께 적어줍니다. 또한 모둠원과 함께 한 탐구활동이라면 결과에 대한 모둠원들의 토의 결과를 기재합니다. 추가 연구나 활동이 있다면 함께 적어줍니다.

6. 참고 문헌

예전에는 참고 문헌을 쓰지도 않고 그냥 자료를 그대로 베끼는 경우가 많았지만, 지금은 표절 검색 시스템을 돌리는 학교나 선생님들이 많습니다. 자료의 신빙성을 높이기 위해서 보고서의 마지막에는 참고 문헌을 기재해야 합니다. [저자-참고도서(잡지/논문명)-인용 페이지-발행년도]를 넣어줍니다. 인터넷 자료일 경우 해당 자료의 인터넷 주소를 넣어주면 됩니다.

예시) 마이클 샌델, 당신이 모르는 민주주의, p.69, 2023.

같이 할 친구들이 알아야 합니다.

　자신이 작성한 보고서나 발표, 기사 분석이나 독서의 내용을 1장으로 요약하세요. 그리고 그것을 교실 게시판에 게시해 보세요. 그저 공부만 할 줄 아는 학생으로만 보던 시선이 달라질 겁니다. 이건 결코 '잘난 척하기'가 아닙니다. 자신이 이만큼 활동하고 있다는 것을 알리는 **일종의 '홍보'**입니다. 탐구활동은 산출물이라는 결과도 좋아야 하지만 그 과정도 좋아야 합니다. 그 과정을 자신의 학생부를 기재해 주실 선생님들이 알아야 합니다. 자신의 탐구활동을 잘 정리해서 **자신만의 브랜드를 만드세요.** 그게 바로 여러분의 경쟁력이 될 것입니다. 이때 주의할 점은 교실 게시판에 게시하는 문제이므로 사전에 담임선생님과 상의하는 것 잊지 말아야 합니다.

Present 발표하라

　발표활동은 보고서활동과 함께 탐구활동의 쌍두마차라고 불리웁니다. 문제는 학생들이 발표에 너무 힘을 준다는 사실입니다. 사실, 발표는 간단한 브리핑 수준이라고 생각하는 것이 좋습니다. 즉, **자신이 나중에 제출할 보고서에 대한 사전 브리핑 개념**이라고 봐야 합니다. 영화의 예고편 느낌으로 보면 됩니다. 영화 예고편은 매우 짧습니다. 발표는 최대한 **5분이 넘어가서는 안 됩니다.** 너무 길어진다면 이를 듣는 친구들의 집중도는 산만해지고, 결국 발표하는 자신만 열심히 하게 됩니다. 또한 이를 지켜보시는 선생님의 집중도 역시 떨어지게 됩니다.

　보통 발표는 PPT(파워포인트)를 사용해서 만듭니다. 어떤 템플릿을 사용하는지는 그리 큰 이슈는 아니지만, 기왕이면 심플한 것을 사용하면 좋습니다. 미리캠퍼스(www.miricanvas.com) 같은 플랫폼 사이트를 이용하는 것도 좋습니다. 중요한 것은 최대한 깔끔하고 심플하게 발표 내용을 보여주는 겁니다. **발표 PPT는 보고서가 아닙니다.** 즉, PPT에는 **줄글이 아니라 발표의 핵심이 되는 Key Word가 들어가야 합니다.** 사진이나 **도표를 최대한 활용**하고, 글은 **한 문장이나 키워드를 사용**해서 만드는 것이 좋습니다. 요즘은 AI를 활용해서 PPT를 만들 수도 있습니다. 하지만 너무 AI에 의존하기보다는 자신이 한번 만들어보는 경험을 해보는 것을 권해드립니다.

PPT를 잘 만드는 것도 중요하지만 **가장 핵심은 바로 '발표'**입니다. 아무리 PPT를 멋들어지게 만들어도 정작 이를 발표하는 사람의 태도나 내용 전달이 효과적이지 않다면 큰 임팩트를 주기 힘듭니다. 보통 학생들은 PPT를 만드는데 많은 시간을 들이지만 정작 발표 연습은 잘 하지 않습니다. 기껏 해봤자 대본을 만들고 그것을 읽어보는 수준에 멈추고 맙니다. 발표에서 가장 중요한 것은 PPT가 아닙니다. 바로 자신이 전달하는 내용을 청중이 얼마나 잘 이해하게 만드느냐입니다.

발표 연습은 충분히 해야 합니다. 대본을 만드는 것도 한 방법입니다. 하지만 대본을 만들어도 그걸 그대로 출력해서 읽는 수준이라면 안 하느니 못합니다. 기왕이면 대본은 예능의 진행자가 가지고 있는 **큐시트처럼 만드는 것이 좋습니다.** A4 한 장에 빼곡히 적힌 대본보다는 여러 장의 큐시트로 나눠서 준비한다면 더 원활한 진행이 가능합니다. 그리고 어느 정도의 대본 암기는 필요합니다. 그래서 위에서 언급했듯이 **발표 시**

간이 5분을 넘어가면 안 됩니다.

발표 PPT는 나중에 제출할 보고서의 브리핑 개념입니다. 자신이 정말로 하고 싶은 내용은 발표 PPT가 아니라 보고서에서 해야 합니다. 따라서 발표 PPT의 내용이 학생부에 많이 기재되려고 할 필요가 없습니다. 자신이 계획한 빌드업대로 차근차근 학생부에 들어갈 내용을 준비해야 합니다. 발표 내용은 학생부에 1~2줄이면 충분합니다. **탐구활동은 set 개념**이라고 말씀드렸습니다. 독서-발표-논문분석-보고서 등의 **1set**가 하나의 탐구활동을 구성하고 이 내용이 기재된 학생부가 효과적인 평가를 가져올 것입니다.

발표하기 전 미리 담당 선생님께 허락을 받는 것도 잊지 말아야 합니다. 교과세특에 들어갈 내용이라면 교과 선생님께, 자율이나 진로 항목에 들어갈 내용이라면 담임선생님께 말씀드립니다. 그리고 **발표 직전에는 PPT를 출력해서 선생님께 드리는 것이 좋습니다.** 그래야 선생님이 학생의 발표 내용을 더 잘 이해할 수 있습니다. 또한 보고서와 연계되는 발표일 경우, 보고서를 제출할 때 이미 발표한 PPT도 다시 한번 보고서와 함께 제출해 주는 것이 좋습니다.

뉴스 스크랩 활용하기

뉴스 스크랩의 의미 | 많은 친구들이 학생부를 풍성하게 만들기 위해서 하는 활동 중 하나가 바로 '뉴스 스크랩' 활동입니다. 자신의 관심 분야에 대한 기초 조사 용도로 활용이 가능하고, 관심분야에 대한 최신 트렌드를 파악하는 데 있어 좋은 활동입니다. 스크랩 양식만 미리 준비되어 있다면 기사를 검색하고 ctrl+C ➡ ctrl+V를 통해서 만들기 쉽고, 잘 정리만 해 놓으면 교과세특이나 창체활동에 들어갈 보고서의 기초 자료로 활용할 수 있습니다. 하지만 문제는 이러한 활동을 꾸준히 그리고 양적으로 풍성하게, 실제적으로 학생부 차별화의 핵심이라고 할 수 있는 후속 탐구활동으로 확장시키는 학생들이 적다는 점입니다. 그런 뉴스 스크랩 활동이 학생부에 들어가서 학생부의 양만 채우는 활동에 만족하는 학생들이 상당수입니다.

꾸준함 | 뉴스 스크랩 활동은 사실 그리 대단한 활동은 아닙니다. 언급했다시피 누구나 마음만 먹으면 하루에 10개 이상의 스크랩 산출물을 만들어 낼 수 있습니다. 이걸 한꺼번에 제출하는 학생들도 실제로 존재합니다. 그럴 경우 그렇게 만들어진 활동이 학생부에 잘 기재될지 여부는 확실치 않습니다. 기재돼도 1~2줄에 불과합니다. 가장 좋은 것은 뉴스 스크랩 활동을 하기 전에 계획서를 작성하고 이를 기재해 주실 선생님께 미리 상의하고 학생부 기재에 대한 허락을 받는 것입니다. 이럴 경우 대부분의 선생님께서는 계획서대로 할 경우 학생부에 기재해 주실 것을 허락해 주십니다. 계획서대로 꾸준히 뉴스 스크랩을 작성하고 이를 담당 선생님께 제출하는 것이 우선 학생이 해야 할 부분입니다. 물론 뉴스 스크랩은 2매를 출력하여 1매는 선생님께, 다른 1매는 교실 게시판에 게시하면 좋습니다.

양적 풍성함 | 이런 활동은 양적으로 풍성해야 합니다. 이 활동 자체가 그리 대단한 활동이 아니기에 양이라도 많아야 하는 것은 당연한 일일지도 모릅니다. 보통 2주에 한 개씩 제출하여 학년말에는 20개 이상의 스크랩을 하는 것을 추천합니다. 20개의 소재 모두가 학생부에 기재되지는 않기에 이 활동의 후속 탐구활동으로 이어지는 1~2개의 대표 스크랩을 선생님께 귀띔해 주는 센스가 필요합니다.

후속 탐구활동 | 사실 이렇게 20개가 넘는 뉴스 스크랩을 한 목적이 바로 이 후속 탐구활동입니다. 이것을 하지 않으면 뉴스 스크랩 활동

의 의미는 빛이 바래게 됩니다. 뉴스 스크랩 활동은 어렵지 않습니다. 누가 봐도 어렵지 않은 활동이 여기서 마무리가 된다면 그저 그런 양만 채우는 학생부보다 조금 나은 정도밖에 되지 않습니다. 뉴스 스크랩을 할 때 보통 자신의 관심분야나 전공 분야와 관련된 내용으로 합니다. 그리고 당연히 1년 활동의 마무리로 이를 심화한 보고서를 작성한다면, 그저 양만 채운 활동에 지나지 않았던 뉴스 스크랩 활동은 비로소 그 의미를 가지게 됩니다.

독서 감상문

독서 감상문도 아무런 연계활동 없이 이것만 한다면 1줄짜리 학생부 기재밖에 되지 않습니다. 독서가 의미가 있으려면 활동과 활동을 이어 주는 가교 역할을 하고 있어야 합니다. 어떤 활동의 동기나 후속 활동으로 역할을 할 때 독서의 가치가 빛이 나게 됩니다. 그래서 독서 감상문은 보고서나 발표자료와 함께 제출해야 하는 필수자료라고 생각해야 합니다. 독서 감상문은 자신이 읽은 책의 내용을 요약하거나 단순한 감상을 적는 것이 아닙니다. 왜 책을 읽었는지(동기)를 밝히고, 책의 내용을 간단히 요약하고 가장 인상적인 장면과 이유를 기술해야 합니다. 그리고 책을 읽고 나서 책에 대한 평가와 함께, 단순한 감상이 아닌 자신의 지식이 어떻게 성장했는지를 언급해 주어야 합니다.

독서 감상문의 형식은 다양합니다. 옆의 도식을 항목으로 감상문을 써도 되고, 책에 대한 서평 그 자체를 작성해도 됩니다. 아니면 작가에서 쓰는 편지 형식으로 독창적으로 해도 상관이 없습니다. 중요한 것은 내

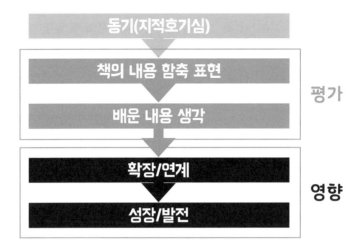

가 읽은 책이 나에게 어떤 영향을 주었고, 후에 어떤 활동으로 연계되었는가입니다.

학술 포스터

보고서와 비슷합니다. 하지만 **학술 포스터의 장점은 시각화**에 있습니다. 보고서의 경우 산출물의 특성상 분량이 많고 글이 많아 보는 사람으로 하여금 피로감을 느끼게 합니다. 이러한 단점을 보완하여 보고서의 내용을 한 장으로 보여주는 활동이 바로 학술 포스터입니다.

원래 대학이나 대학원에서 많이 하는 활동이었는데, 지금은 많은 고등학교에서 이 활동을 하고 있습니다. 학술 포스터는 학생이 한 탐구활동을 한 장에 담아내기 때문에 전체 탐구 내용이 한눈에 확 와닿습니다. 보통은 학교에 있는 플로터라는 출력장치를 이용해서 전지 크기의 종이

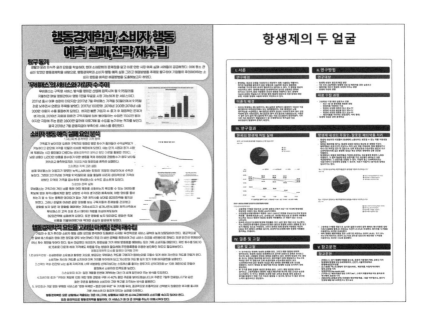

에 출력을 하고 이를 전시합니다. 학생 개인이 하기에는 장비 등의 문제가 있어서 학교나 선생님의 도움을 받는 것이 좋습니다. 요즘은 학교에서 학술 포스터를 활용한 탐구활동이 많으니 꼭 참여하길 바랍니다. 발표를 할 때 보통 PPT를 활용하는데, 학술 포스터를 활용하면 신선함 느낌을 줄 수 있습니다.

1 서론 : 탐구 동기 / 탐구 목적 / 연구 배경 / 이론적 배경

2 연구 방법 : 연구과정 / 분석

3 연구 결과 : 각종 도표나 인포그래픽 이용 / 연구 내용

4 결론 및 고찰 : 연구 결과 자료 분석 / 결론 / 제안

5 참고 문헌

학술 포스터는 특성상 인포그래픽이나 도표, 표가 들어가야 합니다. 보고서와는 달리 내용의 요약이 필요합니다. 보고서의 경우 페이지 수에 제한이 별로 없어 많은 내용을 담을 수 있지만, 학술 포스터는 공간상의 제약이 있으니 이를 고려하여 작성해야 합니다. 너무 꽉 채운다는 생각보다는 조금은 여유를 두고 작성할 필요가 있습니다.

실험 보고서

01	실험 목적
02	실험 이론 및 원리 실험 소개 - 실험 이론 - 실험 원리
03	실험 기구 및 시약 실험 기구- 실험 시의
04	실험 방법
05	주의 사항
06	실험 결과
07	토의 사항 시행착오 이유 조사 - 후속 보고서
08	참고 자료
09	참고 문헌

실험 보고서도 요즘 자연계열 학생들에게 각광받는 보고서 중 하나입니다. 차별화된 학생부 기재를 위해서 자연계열을 희망하는 학생들이라면 반드시 해보라고 권합니다. 실험의 쉬움과 어려움을 떠나서 학생이 스스로 어떤 주제에 대해서 직접 실험을 설계하고 해보는 과정 자체는, 학생

과학별 실험 주제

분야	실험명
생명과학	DNA추출실험
	효모발효 실험
	PTC 미맹실험
	세균 동정 실험
	요소 분해 실험
	형질 전환 실험
	혈액응고 방지 실험
	천연물질 효능 실험
	식물의 광합성 실험
생명과학	PCR 전기영동 실험
	생태계 모니터링 실험
	천연 소독액 효능 실험
	교내 변기 세균 동정 실험
	천연 소독제 제작 및 효능 실험
	과일 속 단백질 분해 효소 실험
	상한 우유 살모네라균 동정 실험
화학	비누화 반응 실험
	신호등 반응 실험
	카페인 추출 실험
	엔탈피 측정 실험
	잔류농약 제거 실험
	바륨의 원자량 실험
	몰질량의 측정 실험
	화학 반응속도 실험
	재결정 거르기 실험
	크로마토그래피 실험
	소다회의 가성화 실험
	실리카켈의 제조 실험
	기체상수의 결정 실험
	아보가드로 수의 결정
	용해도 곡선 가상 실험
	발포정 화학 반응 실험
	보일의 법칙 가상 실험
	알칼리 금속 반응 실험
	용해도 및 분별결정 실험
	용해열과 냉각 상태 실험
	발열반응과 흡열반응 실험

화학	질산 포타슘의 용해도 실험
	루미놀 발광 화학 반응 실험
	아스피린 합성 및 정제 실험
	전기전도도 측정기 제작 실험
	염산과 식초의 중화 적정 실험
	산소의 제조와 밀도 측정 실험
	질량측정 및 액체옮기기 실험
	시금치의 색소 성분 분리 실험
	화합물과 혼합물의 녹는점 측정
	알코올의 산화와 음주 측정 실험
	산화 구리와 탄소 산화 환원 실험
	옷의 소재 레이온 섬유 제조 실험
	암모니아의 확산과 증발 가상 실험
	산화환원 반응과 사카린 합성 실험
	스마트폰 활용 용액 농도 측정 실험
	은거울 반응 실험 나일론의 합성 실험
	포도당의 산화 반응을 통한 도금 실험
	화합물과 혼합물의 끓는 점 측정 실험
	유연전극 활용 다니엘 전지 제작 실험
	평형상수와 용해도 곱 상수의 결정실험
	시계반응을 통한 화학 반응 속도 측정 실험
	옥살레이트 철 착화합물의 합성과 광화학 반응
	아스피린, 제산제를 이용한 산 염기 농동 분석 실험
	산화-환원 반응을 이용한 비타민 C의 분석 및 적정 실험
지구과학	화산 분출 실험
	모래의 안식각 측정 실험
	푸른 하늘과 붉은 노을 만들기 실험
	산개 성단과 구상 성단 슬라임 실험
물리학	건물의 내신 설계 실험
	과자의 연소열 측정 실험
	라이프스트로 여과 장치 실험
	mbl을 활용한 전자기 유도 실험
	전자기 유도 법칙과 발전기 만들기
	뷰렛과 물방울로 중력 가속도 측정 실험
	테니스 공의 자유 낙하 및 수평으로 던진 운동 분석 실험

의 주도성과 탐구력을 높게 평가할 수 있습니다. **적어도 고3이 되기 전까** **지는 해보는 것이 좋습니다.** 실험의 특성상 학생 개인이 실험 도구를 준비하는 것이 어렵기 때문에 너무 어려운 실험을 할 필요는 없습니다. 다만 학교에서 실험과 연관된 활동이 있다면 참여하길 바랍니다.

또한 대학교나 지자체에서도 방학을 이용하여 실험과 관련된 활동을 하는 경우가 많습니다. 그 활동에 참여한 것 자체는 학생부에 기재가 되지 않지만, 그 과정에서 진행한 실험은 개인 실험 보고서로 작성하면 훌륭한 실험 보고서가 나옵니다. 그런 기관에서 진행하는 실험은 보통 **전문** **실험실에서 하는 경우가 많아 학생 개인이 하기 힘든 실험에 참여해 볼 수 있** **습니다.** 주의할 점은 아무리 간단한 실험이라도 안전장비를 갖추고 안전수칙을 지키며 진행해야 한다는 사실입니다.

요약 초록

요약 초록은 일종의 자기 평가서입니다. 자기 평가서는 학생부 기재 근거 서류 중 하나입니다. 이런 자기 평가서가 필요한 이유는 간단합니다. 활동은 학생이 하지만 학생부 기재는 교사가 하기 때문입니다. 학생은 자신이 한 활동을 100이라고 생각한다면 교사에 따라서는 그걸 10으로 기재할 수도 100으로 기재할 수도 있습니다. 이런 차이를 극복하고자 교사가 잘 알 수 없는 **활동의 동기나 활동내용, 후속 활동, 성장한 점 등을** 자기 **평가서(요약 초록)을 통해서 어필할** 수 있습니다.

이 **요약 초록은** 발표나 보고서와 함께 **선생님께 제출**하는 것이 좋습니다. 자신이 한 활동 중 강조할 포인트가 무엇인지 보여줄 수 있습니다. 선생

	학번 : 이름:	
제목		
동기	발표나 보고서활동의 동기 (독서, 수업, 창체, 동영상 등등)	발표 / 보고서의 동기
관련 단원 /활동	관련된 교과의 단원 / 학교 활동(자율/진로)	관련 교과서 단원/학교활동
발표 (보고서) 요약	자신이 발표하거나 작성한 보고서의 내용을 요약한 것을 적는 부분	발표/보고서 내용 요약
한줄 요약	예시 : OOO 활동에서 OOO에 대한 호기심이 생겨 OOO을 주제로 OOOOO에 대한 내용을 OOO을 중심으로 발표함(보고서를 작성함)	한 문장으로 요약한 부분
후속 활동	해당 활동에 이어지는 예상되거나 계획 중인 후속활동	발표/보고서 이후 연계활동

님들은 보통 탐구활동의 결과만을 알 수 있기에 학생이 기대하는 만큼 학생부 기재가 되지 않을 확률이 높습니다. 이런 리스크를 줄이기 위해서 자신이 한 탐구활동의 전반적인 내용을 요약해서 보여줄 필요가 있습니다. 이를 통해서 이전에는 발표나 보고서만 가지고 제한적인 학생부 기재를 해야 했던 것이 요약 초록을 통해서 선생님은 학생이 한 탐구활동에 대해서 좀 더 자세히 알 수 있게 됩니다.

탐구활동, 해보는 게 중요하다

- 탐구활동은 이제 필수다

- 다른 활동과의 연계도 필수다

- 독서, 논문, 잡지 등 선행 연구 필요

- 발표, 보고서, 포스터, 실험, 설문조사

- 1학년 때부터 빌드업이 중요하다

- 느리지만 깊이 있는 학습(탐구)

학술포스터 요약 초록

학번 : 00000	이름: 박OO

제목	포스트 항생제 항균 펩타이드
동기	생명과학 심화탐구활동 주제였던 항생제 내성문제에 대한 해결책 탐구
관련활동	학교활동(진로)

발표 (보고서) 요약	**1. 연구배경** 항균 펩타이드는 동식물은 물론 대부분의 생명체가 감염 등 외부 위험으로부터 스스로를 보호하기 위해 사용하는 선천성 면역물질이다. 기존 항생제에 내성이 있는 균을 대상으로도 항균력이 뛰어나고 새로운 내성균의 출현도 거의 일으키지 않아 차세대 항생물질로도 각광 받고 있다. **2. 항균 펩타이드의 생산** 1) 화학적 합성- 아직 합성량이 1 cycle당 0.02~ 0.2 mmol 정도로 매우 적으므로 대량생산에 문제가 있어 단가상승으로 인하여 기존의 항생제와 같은 시장 경쟁력을 갖추기는 아직 무리인 것으로 판단된다. 2) 유전공학적 생산 ① 대장균을 숙주로 한 생산사례 ② 형질전환 식물을 숙주로 한 생산사례 ③ 형질전환 동물을 숙주로 한 생산사례 **3. 최신 연구 동향** ① 서울대학교 약학대학 천연물과학연구소 소장 오동찬 교수팀과 자연과학대학 화학부 김석희 교수팀은 박테리아로부터 신규 펩타이드 항생물질을 발견하고, 리보솜 유래 생합성 과정을 규명하였다고 보고하였다. ② 지스트(광주과학기술원, 총장 김기선) 연구진이 항균 기능을 갖는 펩타이드 분자를 빠르게 발굴해주는 인공지능 모델을 개발했다. 다가오는 항생제 내성균 대유행 시대를 대비하기 위한 신약 개발 인공지능 플랫폼으로, 펩타이드 분자 기반의 항생제 개발 초기 단계에서 활용돼 신약 개발 시간을 단축하는 데 기여할 것으로 기대된다. ③ 광주과학기술원(GIST·총장 김기선)은 이재석 신소재공학부 초빙석학교수팀이 우리 몸 안에서 세균과 맞서 싸우는 단백질인 항균 펩타이드 구조와 기능을 모방한 신규 고분자 물질을 개발했다. **4. 결론**- 항균 펩타이드는 실용적 측면에서 기존의 항생제 내성 문제를 극복할 수 있는하나의 대안으로, 최근 더욱 삶의 질 향상과 건강을 지향하는 인류의 욕구에 부응하는 천연 소재로서, 각종 유제품을비롯한 가공식품의 저장성 증진을 위한 식품보존제, 기존항생제의 활성을 촉진시켜 주는 보조제, 식품첨가제, 농약, 항균성을 필요로 하는 다양한 소재 등에 이르기까지 다양하게 활용될 수 있다.
한줄 요약	생명과학 심화탐구 주제로 다루었던 항생제 내성문제에 대한 지속적인 관심으로 포스트 항생제로서의 항균펩타이드의 탐색과 생산에 대하여 조사하고 새로운 항균펩타이드의 개발과 유전공학적 생산을 위한 연구동향에 관한 학술포스터를 작성함.
후속 독서명과 느낀 점	후속 활동으로 '나는 미생물과 산다(김응빈)'을 읽고 항생제의 내성 문제를 풀 수 있는 또 다른 방법인 '파지 요법'에 대해 탐구하고 파지의 다양성과 숙주 특이성을 파지 요법이 주목받는 이유라고 분석함.

chapter **9**

교과세특과
창체활동 구성

학생부의 구성

학생부는 '학교생활 세부 사항 기록부'를 의미합니다. 중학교에서는 이 학생부를 꼼꼼하게 하나하나 읽어보는 학생이나 학부모가 그리 많지 않습니다. 보통은 성적만 확인하는 선에서 그치고 맙니다. 하지만 고등학교에 올라오면 언제 그랬냐는 듯이 학생부에 적혀있는 글자 하나하나를 살펴봅니다. 각 항목에 들어가는 내용뿐만 아니라 오타 수정은 물론, 어휘 변경까지 요구하기도 합니다. 사실 오타나 어휘는 중요한 것이 아닙니다. 오타가 있다고, 특정 어휘 하나가 이상하다고 합격할 학생의 평가를 부정적으로 하지 않습니다. 한 마디로 그런 것들은 전혀 학생 평가에 영향을 주지 않습니다. 중요한 것은 내용입니다. 학생이 어떠한 활동을 했고, 그 내용과 과정을 살펴보고, 숫자로 되어 있는 것들에 신경 써야 합니다.

학생부는 아래와 같은 항목으로 구성됩니다.

비고	기재 내용 및 특이 사항
1. 인적−학적 사항	학생정보, 학적 사항, 특기 사항
2. 출결 상황	수업일수, 결석/지각/조퇴/결과 및 특기 사항
3. 수상경력	*대입 미반영
4. 자격증 및 인증 취득 상황	*대입 미반영
5. 창의적 체험활동 상황	자율자치활동 / 동아리활동 / 진로활동
6. 교과학습발달 상황	성적, 과목별 세부능력 및 특기 사항, 개인별 세부능력 및 특기 사항
7. 독서활동 상황	*대입 미반영
8. 행동특성 및 종합의견	

이처럼 다양한 내용들이 들어가는데요. 중요한 것은 출결, 창체활동, 교과학습발달 상황 그리고 종합의견이라고 할 수 있습니다. 또한 학생부 평가에 들어가는 항목별 글자수는 다음과 같습니다.

학생부 항목		글자수 (바이트)
창의적 체험활동 상황	자율자치활동	500자(1,500 Byte)
	동아리활동	500자(1,500 Byte)
	진로활동	700자(2,100 Byte)
교과학습발달 상황	과목별 세부능력 및 특기 사항	각 500자(1,500 Byte)
	개인별 세부능력 및 특기 사항	500자(1,500 Byte)
행동특성 및 종합의견		500자(1,500 Byte)

* 예시 : '학생부' = 3자 = 8Byte

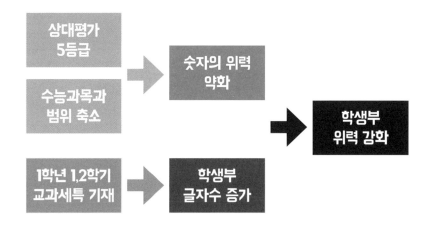

학생부에서 특히 중요한 파트가 바로 이 부분입니다. 고교학점제 기반의 2028대입에서는 여전히 숫자(내신과 수능)는 강력합니다. 하지만 이전에 비해서 숫자의 위력은 약화될 수밖에 없는 환경을 가지게 됩니다. 반대급부로 글로 된 평가의 시대가 다시 도래할 가능성이 높습니다. 더군다나 **1학년이 1학기와 2학기 모두 교과학습발달 상황의 내용을 기재해야 하므로 글자수가 대폭 늘어나게 됩니다.** (1학년에서 8개의 과목을 듣는다면 무려 4,000자가 늘어나게 됩니다)

뒤의 내용은 대입에 반영되지 않는 항목입니다. 여기서 주의해야 할 사항은 독서활동에 대한 내용입니다. 학생부에 있는 독서활동 항목에 기재된 내용이 대입에 반영되지 않는다는 것이지 '독서' 자체가 학생부에 기재되지 않거나 대입에 미반영된다는 것이 아닙니다. **'독서'는 교과세특이나 창체활동, 종합란 모두에 기재될 수 있다는 것을 잊지 말기** 바랍니다.

대입제도 공정성 강화 방안에 따른 학생부 대입 미반영/미기재 사항
(2024~2026학년도 대입)

구분		내용
교과활동		• 방과후학교활동(수강) 내용 미기재 • 영재·발명교육 실적 대입 미반영
비교과 영역	동아리활동	• 자율동아리 대입 미반영 • 청소년단체활동 미기재 • 소논문 기재 금지

	봉사활동	• 특기사항 미기재
		• 개인봉사활동 실적 대입 미반영
		  단, 학교교육계획에 따라 교사가 지도한 실적은
		  대입 반영

	진로활동	• 진로희망분야 대입 미반영
	수상경력	• 대입 미반영
	자격증 및 인증취득 상황	• 대입 미반영
	독서활동	• 대입 미반영

＊ 미기재 : 학생부에 기재하지 않음

＊＊ 미반영 : 학생부에 기재는 하지만, 대입전형자료로 미전송

　　출결에서 중요한 것은 딱 하나입니다. 바로 **미인정 항목(결석, 지각, 조퇴)이 없어야 한다**는 점입니다. 1~2회 정도의 미인정 항목은 크게 걱정할 것은 없다고 생각합니다. 특히 미인정 지각을 학생들이 종종 하는 데 나중에 면접이 있을 때 그에 대한 소명만 하면 됩니다. 보통 늦잠이거나 대중교통의 혼잡인 경우가 많습니다. 하지만 **3회(혹은 3일)부터는** 감점이 들어가므로 주의해야 합니다.

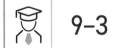
9-3

창체활동의 구성

2022개정교육과정에서는 창체활동이 개편됩니다. 기존에 있던 봉사활동이 사라지는 대신, 다른 창체활동 모두에서 관련된 사항을 기재할 수가 있습니다.

고교 학점제 창체활동 개편

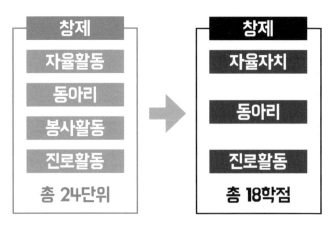

창의적 체험활동의 영역 및 활동 및 예시 활동

영역	활동	예시 활동
자율·자치 활동	자율활동	• 주제 탐구활동 : 개인 연구, 소집단 공동연구, 프로젝트 등 • 적응 및 개척 활동 : 입학 초기 적응, 학교 이해, 정서 지원, 관계 형성 등 • 프로젝트형 봉사활동 : 개인 프로젝트형 봉사활동, 공동 프로젝트형 봉사활동 등
	자치활동	• 기본생활습관 형성 활동 : 자기 관리 활동, 환경·생태의식 함양 활동, 생명존중 의식, 함양 활동, 민주시민 의식 함양 활동 등 • 관계 형성 및 소통 활동 : 사제동행, 토의·토론, 협력적 놀이 등 • 공동체 자치활동 : 학급·학년·학교 등 공동체 중심의 자치 활동, 지역 사회 연계 자치활동 등
동아리활동	학술·문화 및 여가활동	• 학술 동아리 : 교과목 연계 및 학술 탐구활동 등 • 예술 동아리 : 음악 관련 활동, 미술 관련 활동, 공연 및 전시 활동 등 • 스포츠 동아리 : 구기 운동, 도구 운동, 계절 운동, 무술, 무용 등 • 놀이 동아리 : 개인 놀이, 단체 놀이 등
	봉사활동	• 교내봉사활동 : 또래 상담, 지속 가능한 환경 보호 등 • 지역사회봉사활동 : 지역사회 참여, 캠페인, 재능 기부 등 • 청소년 단체활동 : 각종 청소년 단체활동 등
진로활동	진로탐색활동	• 자아탐색활동 : 자기 이해, 생애탐색, 가치관 확립 등 • 진로이해활동 : 직업흥미 및 적성탐색, 진로검사, 진로성숙도 탐색 등 • 직업이해활동 : 직업관 확립, 일과 직업의 역할 이해, 직업 세계의 변화 탐구 등 • 정보탐색활동 : 학업 및 진학 정보 탐색, 직업 정보 및 자격(면허) 제도 탐색, 진로진학 및 취업 유관기관 탐방 등
	진로설계 및 실천활동	• 진로준비활동 : 진로목표 설정, 진로 실천 계획 수립 등 • 진로계획활동 : 진로상담, 진로 의사 결정, 진로 설계 등 • 진로체험활동 : 지역사회·대학·산업체 연계 체험활동 등

학생의 주도성이 중요하다

창체활동은 보통 '학교'가 주체입니다. 학교에서 계획한 활동을 중심으로 학생들의 참여 속에서 창체활동이 진행됩니다. 이런 상황이다 보니 학생들의 학생부에 기재된 창체활동에서는 학생보다는 학교의 프로그램이 더 눈에 띄게 됩니다. 학생들의 동기나 활동 과정, 성장한 점이 보이기보다는 단순 활동 참여 위주로 기재되는 경우가 많습니다.

> 장애학생 인권교육(2024.04.07)에 참여하여 장애가 있는 친구들을 더 이해하는 계기가 되었으며, 학교 안에서 자신뿐만 아니라 타인도 소중히 대하면서 더불어 살아가는 인권의식을 함양함.

학교의 활동이 어떤 활동인지는 대학 입장에서는 그리 중요한 것이 아닙니다. **학교의 활동은 그저 학생이 자신의 잠재력과 주도성을 발휘할 '발판'일 뿐**입니다. 물론 학교가 이런 학생들의 역량을 이끌어 내고 펼칠 수 있는 좋은 프로그램을 만드는 노력을 해야 합니다. 프로그램이 좋다면 학생들의 활동 역시 좋을 수 있으니까요. 어찌 되었든 학교가 만들어 놓은 발판을 최대한 활용해서 자신들의 역량을 보여줘야 합니다. 이게 바로 '주도성'입니다.

'장애학생 인권교육'을 들은 것을 Main 활동으로 삼는 것이 아니라, 이것을 발판으로 삼는 것입니다. 즉, 다른 활동으로 이어지는 동기로 사용한다면 어떻게 될까요? 장애인권교육을 듣고 우리나라의 장애 인식에 대한 내용을 알고자 '나는 이 질문이 불편하다'라는 책을 읽습니다. 책을

주도성	탐구활동 기사/논문 분석 관련 독서
학교활동	**장애인권 교육**

읽으며 수많은 질문을 하고, 우리 주변에 숨겨져 있는 각종 불편함에 대해서 생각을 해봅니다. 이후 다문화 학생에 대한 사회인식이라는 주제를 가지고 탐구활동을 진행합니다. 처음에는 흔하디흔한 ○○교육에서 시작했지만, 이 활동은 그저 동기로서만 역할을 할 뿐입니다. 중요한 것은 그 이후에 이어지는 탐구 과정입니다.

 1 장애학생 인권교육(2024. 04.07)에 참여하여 더불어 살아가는 인권의식을 함양함. **2** 이후 '나는 이 질문이 불편하다'를 읽고 사회 속에 숨겨져 있는 각종 불편함에 대해서 생각해 본

1 장애학생인권교육

⬇

2 독서활동 ➡ 질문

⬇

3 외국인 노동자 기사 분석

⬇

4 다문화 관련 탐구 학술 포스터 작성

후, **3** 외국인 노동자의 아이들에 대한 사회의 인식과 관련된 기사를 조사함. 이를 바탕으로 **4** 우리나라의 다문화 교육관련 통계를 살펴보고 초등학교에서의 다문화 교육에 대한 현황분석을 주제로 탐구 학술 포스터를 작성함. 통계자료 분석을 통해서 다문화 학생의 문해력과

학력문제가 심각하고, 이로 인해서 한국 사회에 대한 이해 부족으로 이어져 한국인이라는 정체성 확립이 이뤄지고 있지 않다는 점을 지적하고, 학생들을 대상으로 문화 교육뿐만 아니라 기초 학력 교육이 필요함을 제안한 점이 인상적임.

단순하게 장애학생 인권교육에 참여한 내용에 대한 기재보다 학생이 가지고 있는 역량과 탐구 과정에 대한 기재를 통해서 훨씬 더 높은 수준의 학생부가 나옴을 알 수 있습니다. 누구나 참여할 수 있는 교육활동이지만, 이를 독서와 기사분석활동으로 자료분석을 하고 이를 바탕으로 최종 산출물인 탐구 학술 포스터 작성으로 이어지는 점이 인상적입니다. 바로 이런 탐구활동이 기재된 학생부가 학생의 입시 역량을 올려줍니다.

이런 주도성은 벼락치기 식으로 단기간의 노력으로 보여주기란 힘듭니다. 귀찮고, 시간도 걸리며 시행착오도 존재합니다. 교육활동과 독서, 기사분석이라는 연계활동이 없이도 다문화 관련 보고서는 만들 수 있습니다. 하지만 이러한 모든 과정을 담아내는 노력을 보여준다면 이어지는 산출물의 가치는 더욱 올라가게 됩니다. 느리지만, 깊은 학습을 보여주는 학생부 기재를 대학이 원하고 있습니다.

 9-4

자율·자치 활동

자율 자치활동의 구성

영역	활동	예시 활동
자율·자치 활동	자율활동	주제 탐구활동 / 적응 및 개척 활동 / 프로젝트형 봉사활동
	자치활동	기본생활습관 형성활동 / 관계 형성 및 소통활동 / 공동체 자치활동

　자율·자치활동은 한마디로 '학교행사'라고 생각하면 됩니다. 학교-학년-학급이 주관한 모든 행사에 참여하여 학생이 활동한 내용을 기재합니다. 당연히 모든 활동은 교육계획서나 학교 기안 후 이루어진 것만 학생부에 기재가 됩니다. 학생부종합전형이 시작된 이후 많은 학교에서는 다양한 활동을 진행하고 있습니다. 창체시간에 이루어지는 각종 교육은 물론 체육한마당, 수학여행, 학생회 활동 등 전형적인 활동뿐만 아니라 각종 주제탐구 프로젝트 활동도 이루어지고 있습니다.

사실 어떤 활동에 참여하는지는 중요하지 않습니다. 학교가 학생들의 탐구활동을 독려해 주기 위해서 마련한 주제 탐구 프로젝트면 더 좋겠지만, 전형적인 활동도 괜찮습니다. 그런 활동이더라도 이어지는 **탐구활동의 '동기'로 삼아서 연계시키는 역할**을 충분히 할 수 있기 때문입니다.

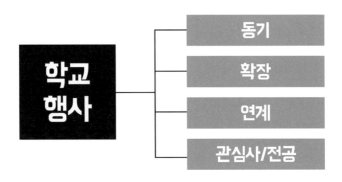

예를 들어 모든 학생들이 참여하는 체육한마당이라는 행사를 살펴보겠습니다. 보통 체육한마당과 같은 누구나 다 참여하는 활동에 대한 학생부 기재는 사실 입시적으로는 의미가 없습니다.

교내체육한마당(2024.09.25)에 축구경기 반 대표로 참가함. 팀 리더를 맡아 구성원을 다독이며 최선을 다하도록 팀을 이끎. 학급 응원에도 응원가를 만들고 이를 활용하여 열성적으로 참여하여 응원부문에서 우승할 수 있도록 함.

위 기재 내용을 보면 탐구활동과의 연계 없이 학교행사에 참여하여 어떤 모습을 보여주었는지 인성적인 측면만을 보여주고 있습니다. 공동체역량을 보여주는 것은 좋지만, 그다지 임팩트가 그리 크지 않아 보입니다. 체육한마당이라는 활동은 그저 뒤에 이어지게 될 탐구활동의 동기로 사용될 뿐이라는 걸 잊지 마세요. 체육한마당 참가라는 틀에서 벗어나고 카테고리를 자신의 관심 전공인 경영학과와 연관 지어 레저산업으로 확장시켜보면 어떨까요?

체육한마당이라는 활동에서 각 반 학생들이 입고 있던 반티에서 모티브를 얻은 학생은 아버지와 함께 등산을 갔다가 많은 사람들이 비슷한 브랜드의 등산복을 입고 있는 것이 생각이 납니다. 그리고 등산복 브랜드를 가진 기업의 매출성장과 분석을 담은 기사 분석 활동을 진행하고, 이를 바탕으로 레저산업의 성장이라는 주제로 탐구활동을 시작합니다. 이 과정에서 DBpia나 RISS 같은 곳에서 관련 논문을 검색해서 살펴보고, 관련 책을 읽어보는 것도 좋습니다.

교내체육한마당(2024.09.25)에 참가하면서 친구들이 다양한 반티를 입고 활동하는 것을 보며 등산하는 사람들의 등산복 착용을 연상하여 관련 기사를 찾아봄. 이에 경제 성장에 따른 레저 산업의 성장에 대한 호기심이 생겨 '국내 레저산업의 성장에 따른 국내 의류 산업의 매출분석'이라는 주제로 보고서를 작성함. 탐구 과정에서 관련 논문을 참고하여 소득이 높은 중년층에서의 구매율이 매우 높으며, 등산복인 특정 브랜드 상품이 젊은 층에게 패션장르가 되고 있다는 사실을 파악함. 이를 바탕으로 ~

학교행사는 다양합니다. 참여가 많다는 것은 자신의 탐구활동이나 연계할 활동이 많다는 것을 의미합니다. 하지만 지나치게 많은 행사 참여는 오히려 독이 될 수 있습니다. 고등학교 생활은 할 일이 많습니다. 기본 내신시험뿐만 아니라 수행평가의 빈도수도 많습니다. 여기에 고3에 볼 수능도 고1부터 차근차근 준비해야 합니다. 활동을 하는 것은 '공부'할 시간을 사용한다는 것을 의미합니다. 입시에서 기본은 '공부'입니다. '활동'도 중요하지만, '너무 많은' 활동은 여러 가지 면에서 좋지 않은 영향을 미칠 수 있습니다.

따라서 학교활동 참여는 선택과 집중이 필요합니다. 자율·자치활동에 해당하는 이벤트들은 보통 학교에서 미리 연간 계획을 세워서 학기 초에 공지합니다. 이 계획을 참고하여 자신이 참여할 학교행사를 선택하고, 어떤 활동과 연계 지을지 고민해 봐야 합니다. 또한 자신의 공부 스케줄을 고려해서 참여여부를 결정해야 합니다. 이는 진로활동이나 동아리활동에도 적용되는 이야기입니다. 잊지 마세요. 고등학교에서 가장 중요한 입시 요소는 '성적(내신과 수능)'입니다.

리더십은 어떻게?

보통 자율자치 항목에는 학교, 학급 임원에 대한 내용이 들어갑니다. 대학은 이를 통해서 학생의 리더십을 평가하죠. 임원활동을 하게 되면 이런 리더십을 발휘할 수 있는 기회를 제공받게 됩니다. 문제는 단순히 하던 것만 해가지고는 학생부 기재에 있어서 차별화가 보이지 않게 됩니다. 리더십은 '직책'이 중요한 것이 아니라 '주도성'이 중요합니다. 단순히 학급 회장으로 전체적인 총평만 있다면 수많은 학급 회장 중 하나일 뿐입니다. 하지만 구체적인 사례와 내용이 기재가 되어 있다면 다른 평가를 받을 수 있습니다.

학급/학년 임원이라면 여러 가지 행사를 직접 기획하고 진행해 봐야 합니다. 이 과정에서 구성원으로부터 피드백도 받고 여러 가지 협업활동도 진행합니다. 일반적인 직책에 대한 평은 그리 중요하지 않습니다. 구체적인 내용이 들어가도록 노력해야 합니다.

> 1학기 학급 회장(2024.03.04.-2024.08.15)으로 학급의 활력소 역할을 톡톡히 해내는 친구로, 학급의 어떤 행사나 활동에서 뒤로 빼지 않고 늘 앞장서서 친구들을 도와주고 있으며, 항상 미소를 잃지 않고 밝은 태도로 행복하게 학교생활을 하는 친구임. 학급 단합행사를 직접 기획하고 사회를 직접 맡아 학급 친구들에게 즐거운

1학년의 기억을 가질 수 있도록 뛰어난 진행능력을 보여줌. 자퇴하는 친구를 위해서 수업에 들어오시는 선생님 한 분 한 분을 섭외하고, 여기에 학급 친구들의 소회를 담은 영상편지를 제작하여 큰 감동을 선사함. 학급 친구들에게도 상냥하고 따뜻하며, 친구에게 호감을 주고, 유머로 친구들을 즐겁게 하고, 항상 곁에서 응원해 줄 수 있는 리더라는 평가받고 있음.(구체적 사례와 평가)

학급 도서부장으로 책 읽는 학급을 만들기 위해서 학급문고를 운영하고, 학급도서의 대출 작업을 책임짐.(총평) 이후 학급특색활동인 5반의 파라사라 책책(2024.10.24)행사의 기획, 진행 등 모든 과정에 참여하고, 행사가 성공적으로 이루어지도록 큰 역할을 담당하여 친구들의 호평을 받음. 기획 단계에서 학생들의 의견을 수렴하고 이를 조정하고, 친구들의 역할을 적절히 배분하고, 일정과 홍보 방법 등에 대한 내용을 세세히 준비하는 섬세한 모습이 인상적임.(구체적 사례와 평가)

 9-5

동아리
활동

동아리활동의 구성

영역	활동	예시 활동
동아리 활동	학술·문화 및 여가활동	학술 동아리 / 예술 동아리 / 스포츠 동아리 / 놀이 동아리
	봉사활동	교내 봉사활동 / 지역사회봉사활동 / 청소년 단체활동

　동아리활동은 예전에 창체활동의 꽃이라고 불리웠던 활동입니다. 학생들의 관심사나 전공, 진로에 가장 가까운 활동을 하는 동아리활동은 중요한 창체활동인 건 사실입니다. 다른 창체활동인 자율·자치활동이나 진로활동보다 학생부 기재의 개별화를 담아내는 항목이 바로 동아리활동입니다. 이전에는 자율동아리라고 해서 학생들이 주도해서 만든 동아리까지 학생부에 기재가 되었지만, 이제는 정규 동아리 1개만 학생부에 기재가 됩니다.

동아리 선택이 중요할까?

학교마다 인기 동아리는 정해져 있습니다. 과학반이나 방송반 같은 동아리는 경쟁이 치열합니다. 그런 동아리에 들어가지 못한 학생들은 실망감에 울기까지 하는 경우도 있습니다. 동아리는 특정 영역에 특화된 활동을 하기 때문에, 학생들이 관련 활동을 하는 데 있어 조금은 편하기도 합니다. 하지만 동아리가 꼭 자신의 전공이나 관심사와 무조건 연관되어야만 할까요? 동아리의 경우 경쟁으로 인해서 자신이 원하지 않는 곳에 가는 경우가 많습니다. 이럴 경우 동아리에서 진행되는 활동만 참여하고 그 내용만 동아리 항목에 기재가 되어야만 할까요? 절대로 아닙니다.

동아리활동에서 중요한 것은 동아리 그 자체가 아니라 **동아리 내에서 학생이 어떤 역할을 했고, 주도적으로 동아리를 이끌었는가입니다.** 즉, 활동의 주도성이 동아리에서 가장 중요한 역량이라고 보면 됩니다. 동아리 내의 활동에 수동적으로 끌려가지 않고, 능동적으로 자신이 활동을 조직하고 운영해야 합니다. 아니며 동아리활동 그 자체를 메인으로 삼지 말고, **그 활동을 동기로 삼고 자신의 개인탐구활동으로 연계하는 것도 좋은 방법**이 됩니다.

또한 주의해야 할 점은 고등학교 동아리는 활동의 가짓수가 꽤 됩니다. 동아리활동도 있고, 동아리한마당과 같은 학교 축제 참여도 합니다. 또한 동아리 자체의 실험이나 탐구활동도 있을 수 있습니다. 학생들은 자신이 동아리에서 한 활동을 모두 학생부에 담고자 합니다. 자신이 한 활동을 버리는 게 아까우니 모든 활동을 넣으려고 하는 겁니다. 문제는 동아리활동을 적는 항목의 글자수는 500자입니다. 그 많은 활동을 넣다 보면 결국 활동의 나열식 그 이상도 그 이하도 아닌, 이도 저도 아닌 것이 돼버립니다. 동아리활동에서 가장 인상적인 활동 1~2가지만 담아도 됩니다. 그것을 자신의 개인탐구활동과 연계 지어서 진행한다면 많은 활동을 나열한 학생부 기재보다 훨씬 더 나은 내용이 됩니다.

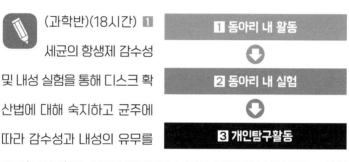

(과학반)(18시간) **1**
세균의 항생제 감수성
및 내성 실험을 통해 디스크 확산법에 대해 숙지하고 균주에 따라 감수성과 내성의 유무를 판별하여 과학적 소양을 기르고자 노력함. 항생제의 쓰임새를 조사하며 윤리적 사용에 대한 의견을 제시하는 등 과학적으로 올바른 활용도를 고민하는 분별력을 지님.

3 DNA 추출 실험을 통해 소금물과 계면활성제 역할을 인지하고 항온 수조를 이용하는 이유를 과학 시간에 배운 효소의 개념을 활용해 자세한 보고서를 작성함. 에탄올 침전법 외 다른 방식으로 추출할 수 있는지 의문을 가지고 조사하고, 바소체 관련 추가 실험을 진행하는 등 탐구 주제에 끊임없이 파고드는 모습을 보임.

2 한 학기 동안 식물을 관찰하면서, 굴광서, 굴중성을 관찰하고 과학적 의문을 해소하고자 개별 연구를 진행, 옥신의 극성 수송에 대한 실험을 자율적으로 설계함. 여러 시행착오 속에서도 열정을 멈추지 않고

지속적인 피드백을 통해 문제점을 보완하는 집념을 보임. 실습에 임하는 태도가 집요하고 착실하며 주도 면밀하게 계획을 세워 동아리원들의 감탄을 연발할 만한 연구 결과를 보여줌. 탐구 중 발생하는 어려움에 굴하지 않고 끊임없이 나아가고자 하는 연구자의 모습이 인상적임.

1 (진로학술매거진 진학매)(18시간) 진학매 부장으로 교사와 부원 간의 소통이 원활히 진행되도록 동아리 소식을 정리하고, 기사 작성 시 부원들의 기사 아이템 찾기를 함께하며 멘토로서 역할을 함.

1 전체 평가
⬇
2 기사작성 1, 2
⬇
3 독서활동
⬇
4 미생물 대사 공학 기술 보고서 작성

2 1차 기사 '인간, 자연, 동물의 바람직한 공존 원헬스'를 주제로 기관이 제시하는 원헬스의 정의와 역사, 필요 이유를 신종 감염병 예방과 동물 복지 측면에서 설명하고 인간뿐만 아니라 동물과 환경을 아우르는 원헬스의 필요성을 제시하는 기사를 작성함.

2차 기사 '유전자 행동 메커니즘의 새로운 견해를 제시한 이기적 유전자'를 주제로 도서 '이기적 유전자'에 대한 전반적인 해설과 생물학과 문학에 미친 영향을 새로운 연구 자극과 진화 사상의 확산이라는 의미로 제시하고 작가인 도킨스가 제시한 유전자 중심의 진화론적 관점이 혁신적인 관점을 제시하고 있다는 의견을 담은 기사를 작성함.

🔳 이후 '작지만 위대한 미생물 세상:미생물 공학(이상엽)'을 읽고 미생물이 우리 생활에 미치는 영향에 대해서 알게 되고 🔳 대사공학 기술에 대한 호기심으로 '미생물 대사공학 기술'을 주제로 보고서를 작성함. 생명과학2의 세포호흡 단원에 대한 학습을 토대로 미생물 대사공학의 조사를 통해서 클로스트리디움 속 미생물 대사공학을 통한 부탄올 생산, 미생물로 만드는 바이오 석유, 대장균으로 뽑아내는 휘발유와 색소, 메디푸드 등의 특징을 설명하고 이를 통해 탄소중립 실현을 전망함.

**진로
활동**

진로활동의 구성

영역	활동	예시 활동
진로 활동	진로탐색활동	자아탐색활동 / 진로이해활동 / 직업이해활동 / 정보탐색활동
	진로설계 및 실천활동	진로준비활동 / 진로계획활동 / 진로체험활동

학교에서 진행하는 활동 중 가장 활발하다고 할 만한 것이 바로 진로활동입니다. 이미 중학교에서도 진로 특강이나 직업인 특강 등 많은 진로활동을 경험해 봤을 겁니다. 중학교에서는 흥미나 그냥 하니까 하는 마인드로 참여하고 별 의미를 두지 않습니다. 하지만 고등학교에서는 많은 활동을 할 때 모두 생각을 하고 해야 합니다. 한마디로 전략과 전술을 바탕에 두고 고민해 봐야 한다는 것입니다. 진로활동은 자율·자치활

동에 비해서 학생들의 진로나 전공과 연관된 것들이 많습니다. 진로 특강, 직업인 특강, 학과 탐색뿐만 아니라 다양한 탐구활동 연계 프로그램을 학교들이 마련해두고 있습니다.

고교학점제 기반의 2028대입에서 학생부의 영향력이 더 커지는 시점에서 이러한 학교 프로그램의 질적 양적 성장은 두드러지리라 생각됩니다. 그도 그럴 것이 일반고들은 이전에 비해서 상위권 학생들의 지원이 약화될 것이고, 주 전형이었던 학생부교과전형이 변화를 맞이 함에 따라, 예전 학생부종합전형이 메인이었던 시절처럼 다양한 탐구활동 중심의 프로그램을 운영해야 합니다. 그렇지 못할 경우 일반고의 입시 실적은 2028대입 이전과는 비교도 할 수 없을 만큼 몰락할 가능성이 높습니다. 따라서 많은 학교들은 '생존(?)'을 위해서 많은 노력을 할 것입니다.

관심사 찾기가 중요

진로활동 선택에 있어서 가장 중요한 기준은 학생 본인의 '관심사'입니다. 그러기 위해서는 가장 먼저 학생 스스로가 자신의 관심사가 무엇인지 고민해 봐야 합니다. 고등학교에 와서 그것을 찾기에는 늦은 감이 있습니다. 중학교에서부터 꾸준히 자신의 관심사와 전공에 대한 고민이 필요한 이유입니다.

자신의 관심사에 대한 이런 고민을 하고 나서 어떤 프로그램을 참여할지 결정해야 합니다. 물론 프로그램과 상관없이 자신의 탐구활동과 연계할 수도 있습니다. 하지만 그런 역량을 쌓기까지는 꽤 시간이 걸리므로 처음부터 관심사 중심의 참여를 하는 것이 좋습니다.

사전준비 과정이 필요하다

자율·자치활동과 마찬가지로 단순 참여보다는 계획성 있게 고민해 보고 참여 결정을 해야 합니다. 프로그램 참여 전 자신만의 사전조사를 해보는 것이 필요합니다. 직업인 특강이라면 그 직업에 대해서, 학과 탐색이라면 학과에 대해서 알아보고 궁금한 점을 찾아서 특강 후 질문을 해보는 것이 좋습니다. 탐구활동의 처음 방향을 결정짓는 것이 바로 '질문'이라고 계속 강조했습니다. 요즘 들어 독서와 관련해서 책 저자를 초청해서 진행하는 특강도 많이 있습니다. 이럴 경우 당연히 그 책을 먼저 읽어와야 하고, 책을 읽으면서 궁금한 질문을 정리해와야 합니다. 이런 것들을 특강 후 질의응답시간에 해결하고, 이를 바탕으로 자신의 탐구활동을 전개해 나갈 필요가 있습니다. 이것처럼 동기가 확실하고 질문에 대한 답을 찾아가는 과정이 탐구활동의 질을 높이게 되며, 소위 이야기하는 빌드업을 구축하게 됩니다.

그 외에도 기사 검색이나 관련 주제에 대한 독서활동, 논문검색활동 등의 연계활동으로 이어지고 이러한 것들이 뒤에 이어지게 될 메인 활동인 보고서활동으로 이어진다면 훌륭한 탐구활동 세트가 완성되게 됩

니다. 그냥 단순하게 보고서만 존재하는 학생부보다 이런 빌드업 과정이 들어있는 학생부 내용이 더욱 가치가 올라가는 좋은 결과로 이어지게 됩니다. 이러한 과정이 진로활동과 이어져야 학생부에서 그 '프로그램'에 대한 설명이 아닌 '학생의 모습'을 보여줄 수가 있습니다.

> 과학캠프(2024.08.10)에 참여하여 물리, 화학, 생명, 지구과학과 관련된 활동들을 시행함. 실제로 생명 실험에서는 물벼룩에게 여러 가지 자극제를 주어서 현미경을 물벼룩의 심장박동 수의 차이를 아는 실험을 시행함. 전자현미경의 사용법을 정확히 이해하고 사용하였으며 용액에 따라 대조군이 섞이지 않도록 대조군을 다르게 사용하였고, 실험도구를 다르게 사용하는 세심함을 보임. 이러한 실험으로 생명공학 쪽 진로에 더욱더 흥미를 느끼고 호기심이 생겨 생명공학에 대해 여러 뉴스 자료와 영상을 알아보는 노력을 함.

위 학생부 기재 내용을 보면 과학캠프에 참여한 학생의 활동 내용을 알 수 있습니다. '실험'이라는 좋은 활동에 참여했고, 그 안에서 여러 가지 활동을 한 모습이 보입니다. 후속 활동으로 뉴스자료와 영상에 대한 검색활동도 나와있습니다. 하지만 왜 이 학생이 이러한 활동에 참여했는지, 이 활동 이후 이 학생의 지적 성장이 어떤 변화를 보였는지 알 수가 없습니다. 여기에서 과학캠프 참가의 내용을 줄이고 이후 여기서 배운 것을 바탕으로 학생의 개인탐구활동으로 연계가 되었다면 더 좋은 학생부 기재가 되지 않았을까요?

① 과학캠프(2024. 08. 10)에 참여하여 진행한 생명 실험에서는 물벼룩에게 여러 가지 자극제를 주어서 현미경을 물벼룩의 심장박동 수의 차이를 아는 실험을 시행함. ② 이후 심장에 대해 더

알아보고자 관련 뉴스 자료와 영상을 찾아보고, ③ 심장질환에 대한 탐구활동을 진행함. '심장질환의 원인과 치료 방법에 대한 탐구'를 주제로 관상동맥질환, 심부전, 심실세동 등 다양한 심장질환의 종류와 원인, 치료방법을 기술하고, 특히 카테페 기법에 대한 심층적으로 설명함. 이후 ④ '순환기의 구조(아코 준양)'를 읽고 심장과 혈관, 림프, 순환의 구조와 기능, 병태 생리에 대해 알게 되는 계기로 삼음.

진로활동을 아예 자신의 개인탐구활동의 동기로만 활용하는 것도 한 방법입니다. 학교에서 하는 진로활동 대부분이 모든 학생을 대상으로 하는 것이고, 특정한 탐구 프로젝트 프로그램이 아니라면 기술되는 내용이 비슷합니다. 알고 있듯이 학생부는 각 항목마다 글자수 제한이 존재합니다. 자신의 역량을 드러내는 내용만으로도 부족한 글자수가 될 수 있기에 과감한 선택이 필요한 경우도 있습니다. 이럴 때는 과감하게 자신이 참여한 활동은 참여 사실만 기재하고 이후로는 자신의 개인탐구활동의 내용 위주로 구성하는 것도 좋습니다.

1 2학년 때 사회적기업 모의 경영을 한 것을 계기로 진로 특강(2024.07.27)을 통해 미래 기업 관련 포럼에서 강연한 기업 대표의 연설을 들음. 2 이후 사회적기업

| 1 진로 특강 참여 |
| 2 토의 발제 및 사업 계획서 작성 |
| 3 연계 보고서 작성 |

에 대한 강연참여를 통해 국내 사회적기업의 유형 및 마케팅 전략, 사회적기업가의 리더십에 대해 탐구하며, '일자리제공형 사회적기업을 창업한다면, 어떤 사람을 고용하고 어떻게 기업을 운영할 것인가?' 라는 주제로 토의를 진행함. K기업과 같이 장애인 고용을 통해 경제적 자립의 기회를 제공하고 상품 가격 중 일부를 사회적 약자에게 기부하는 코즈 마케팅으로 경영할 수 있다는 의견을 제시하고 사업계획서를 작성하여 학우들과 공유함. 3 이를 확장하여 '사회적 활동으로 인한 기업가치 창출 사례 연구'를 주제로 기업의 일자리 창출과 매출증대에 대한 분석을 통해 기업의 사회적 활동 참여가 사회뿐만 아니라 기업의 이윤에 큰 도움이 된다는 사실을 객관적으로 입증하는 보고서를 작성함.

1 '나의 꿈을 펼쳐라 모의 창업 발표 프로젝트(2024.12.01)'에 참여함. 3 현행 학교 교육과정에서 경제 교육에 대한 비중이 적음을 알

| 1 진로 특강 참여 |
| 2 토의 발제 및 사업 계획서 작성 |
| 3 연계 보고서 작성 |

고 이를 개선할 금융 경제교육용 시뮬레이션 게임을 창업 아이템으로 제안함. **2** 시장에 출시된 시뮬레이션 게임을 분석하고 여러 가지 게임 종류에 대한 사전조사를 실시함. 10대 청소년을 대상으로 한 소비 및 금융 경제교육에 대한 설문조사를 실시하여 10대가 생각하는 경제교육과 관심 있어 하는 경제 트렌드가 무엇인지 알게 됨. '홍대리의 마케팅 이야기'를 읽고 제품의 마케팅에서 가장 중요한 것이 소비자의 니즈를 파악하고 시장 상황을 적절히 매치하여 제품의 출시 시기와 제품의 SWOT를 분석하는 것임을 알게 됨. **3** 이를 바탕으로 10대가 관심 있어 하는 게임 요소를 활용하여 금융경제교육용 시뮬레이션 게임의 데모판을 제작하고 이를 설명한 창업 제안서를 작성하고 창업 제안 발표를 함. 창업 제안 발표 시 청중의 이목을 잡는 독특한 PPT 진행과 제품 설명이 인상적임.

창체활동 주도성을 높이자

- 활동은 그저 동기일 뿐이다
- 연계확장이 정답이다
- 주도성을 보여주는 것이 좋다.
- 당연히 탐구활동은 기본
- 가짓수를 늘리기보다는 선택과 집중
- 각 항목당 2~3개 활동이 좋다

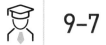

교과 세부 능력 및 특기 사항 (교과세특)

가장 중요한 학생부의 항목이다

학생부에서 가장 중요한 두 가지 요소를 꼽자면 내신성적과 교과세특이라고 할 수 있습니다. 예전에는 교과세특이 학생부종합전형에서 평가 요소로 사용되었지만, 지금은 일부 대학의 학생부교과전형에서 중요 평가 요소로 사용되고 있습니다. 고교학점제 기반의 2028대입에서는 학종 뿐만 아니라 많은 교과전형에서 교과세특이 평가 요소로 사용될 가능성이 매우 높습니다. 정시전형에서도 일부 사용될 수도 있습니다. 한마디로 내신과 교과세특은 학생부의 두 축이라고 생각해야 합니다.

분량이 늘어난다

고교학점제는 학기제로 운영되기 때문에 학생부에 기재되는 교과세특의 분량이 늘어나게 됩니다. 1학년 같은 경우 교과세특 기재가 1년이었던 것이 1,2학기로 바뀌기 때문에 이전보다 교과세특의 분량이 2배가 늘어나게 됩니다. 만약 1학년 과목이 7과목이라면 3,500자 분량이 나오는데, 이제 3,500자가 더 늘어나서 1학년만 교과세특이 7,000자가 돼버립니다. 2,3학년의 경우도 1년짜리 과목이 모두 학기 중심으로 바뀌기 때문에 마찬가지로 교과세특의 분량이 늘어나게 됩니다. 숫자의 위력이 기존보다 약해지는 고교학점제의 특성상 늘어난 교과세특의 중요성이 더욱 커졌습니다.

수행평가

수행평가는 내신평가에서 지필고사와 합해지는 중요한 활동입니다. 더군다나 각 교과에서는 이 수행평가의 내용을 바탕으로 교과세특을 쓰기도 합니다. 만약 수행평가가 보고서 등의 산출물을 제출하는 것이라면, 그 내용과 질적인 측면도 신경을 써야 합니다. 이전에는 자신이 받게 되는 점수만 획득할 정도로 작성했다면, 이제는 좋은 교과세특을 받기 위해서 신경을 써야 합니다. 수행평가는 이제 점수만을 위한 활동이 아닙니다. 수행평가 만점도 중요하지만 그 내용의 질적인 수준까지 고려해야 합니다.

수업태도

수업태도도 마찬가지로 교과세특의 기재 내용이 될 수 있습니다. 이전에는 교과전형이나 정시전형만을 고려했던 학생들의 경우 수업태도가 엉망이어도 시험만 잘 보면 그만인 학생들도 있었습니다. 하지만 이제 아닙니다. 교과세특이 교과전형이나 정시전형에도 반영될 가능성이 높기에 이런 태도는 이제 해서는 안 됩니다.

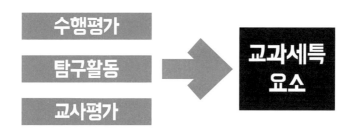

수업태도가 좋으면 선생님의 관심의 대상이 될 수 있습니다. 선생님도 사람이기 때문에 자신의 수업을 잘 듣고 적극적으로 참여하는 학생들을 잘 관찰할 수밖에 없고, 교과세특을 기술할 때도 이를 반영하게 됩니다. 따라서 수업에서 진행되는 활동에 적극적이고 성실하게 임해야 합니다. 모둠활동이 있다면, 모둠장은 안하더라고 모둠에서 진행하는 과정에 적극적으로 참여해야 합니다. 교과세특은 자기 평가서뿐만 아니라 동료 평가서도 반영되기 때문에, 모둠활동에 무임승차하는 행위는 지양해야 합니다. 질문도 적극적으로 하면 선생님에게 좋은 인상을 줄 수 있습니다.

교과 중심의 탐구활동
예전 교과세특을 살펴보면 학생들은 교과세특임에도 불구하고 자신의 진로 중심의 탐구활동 내용이 들어가 있는 경우가 상당했습니다. 교과명을 가리고 읽어보면 교과세특이 어떤 과목의 것인지 알기 힘든 경우도 많습니다. 이런 교과세특은 탐구활동이 없는 교과세특에 비해서 낫기는 하지만, 갈수록 상향평준화되는 학생부의 특성을 보면 그리 경쟁력이 높은 교과세특이 될 수는 없습니다.

자신의 전공이나 진로, 관심사와 연계되면 좋지만 그 내용이 교과의 내용과 관련이 없다면 오히려 큰 인상을 줄 수 없습니다. 특히 국어나 영어 같은 과목의 경우 그러한 경우가 많습니다. 탐구과목(사회·과학)의 경우 자신의 관심사나 전공 관련 교과 된 소재가 탐구활동의 내용이 되는 건 괜찮습니다. 하지만 국어나 영어의 경우는 그 과목의 특성이 드러나야 하므로 자신이 전공성을 드러내기보다는 그 과목의 역량을 보여주는 데 집중해야 합니다.

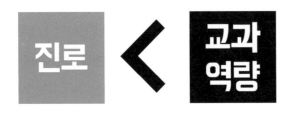

교과세특의 핵심은 바로 '해당 과목의 역량'을 교과세특에 표현되어 있느냐입니다. 학생들이 주로 드러내고자 하는 진로역량은 교과세특보다는 창체활동에서 보여주는 것이 좋습니다. 그래서 중요한 것이 과목의 특색이 담겨있는 탐구활동을 하는 것입니다. 기왕이면 탐구주제는 수업시간에 배운 것이나 수행평가와 연관이 있는 것이 가장 좋습니다.

타교과나 창체활동에서 한 것을 수업시간에 배운 것과 연계하는 것도 한 방법이라고 할 수 있습니다.

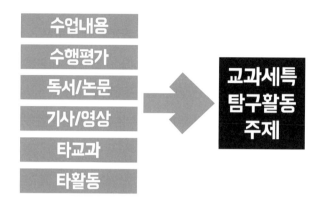

〈국어교과〉 지구를 위한다는 착각'과 '6도의 멸종'을 비교해 읽으며 글을 비판적으로 이해하는 탐구활동을 함. '6도의 멸종'에서 언급된 기후모델의 부정확성에 대해 그 이유와 현재의 연구 수준을 찾아 정리함. 구름은 한 방향으로만 작용하지 않고 양방향으로 작용하기 때문에 예측이 어렵고 매우 좁은 지역에 영향을 미칠 수도 있기 때문이라는 점을 이해함. 기후재난이 책에서 예고했던 것보다 현재 빠르게 일어나고 있다는 사실에 놀라움을 느끼고 이는 저자가 말한 공유지의 비극이자 사람들의 책임 떠넘기기로 인한 결과라고 분석함.

'지구를 위한다는 착각'의 필자가 특정 근거만을 가지고 대재앙은 없다고 주장을 하는 점은 타당성이 떨어지며 환경운동가들에 대해

악의적으로 묘사한 점은 공정성을 해친다고 평가함. 필자의 관점을 파악하고 이에 대한 주체적인 해석 및 평가를 제시한 점이 우수함. '망 사용료 법안을 시행하여야 한다'라는 논제로 진행한 토론에서 반대 측을 선택하여 우리나라는 이미 충분한 대가를 받고 있어 경제성과 관련 없음, 서비스의 질을 떨어뜨림, 근본적 해결은 통신망 강화와 캐시서버 합의라는 점 등을 근거로 성실하게 조사하여 발언함. 진지하고 적극적으로 토론에 임하는 태도가 돋보임.

〈영어교과〉 환경문제 리포트 쓰기 활동에서 폐의약품 무단투기로 인해 발생하는 문제를 이해하기 쉬운 사례를 제시하고 자료를 분석하여 적절한 해결 방안을 영어로 제시함. 특히 투기된 폐의약품이 수질오염을 일으킨 사례를 들어 영어 기사를 인용해 소개하며 문제의 심각성을 알림. 탁월한 문장구사력과 풍부한 어휘력으로 정확성과 유창성을 갖춘 글을 완성함. 주제에 대한 깊이 있는 이해와 능통한 자료 수집 및 분석으로 창의적이고 실용적인 해결책을 제시한 점이 인상적임.

존경하는 인물에게 영어 메일 쓰기에서 의료보험 체계를 도입한 의사에게 영어 메일을 작성함. 가난한 사람들이 의료 서비스를 받을 때 드는 재정적 부담을 덜어준 업적과 다른 이들만을 위해 봉사하는 그의 삶에 감명받음을 언급함. 다양한 어휘와 문장구조로 유려하고 응집력 있는 글을 완성함.

아이디어 제안서 쓰기 활동 중 자신의 실제 경험을 바탕으로 시각적으로 방해가 되는 요소를 없애고 학습공간을 창출할 수 있는 아이디어를 떠올려 글을 작성함. 영어로 표현하기 어려움에도 불구하고 교사에게 질문하고 스스로 다양한 표현을 찾아보며 적극적으로 참여해 완성도 높은 글을 완성하고 이를 TED 형식을 차용하여 유창한 영어로 발표함.

〈수학교과〉 평소 집중호우와 강수량 분포에 관심을 갖고 조건부 확률 개념을 이용하여 '비가 폭우로 이어질 조건부 확률과 폭우 횟수 표준편차'를 주제로 보고서를 작성하고 발표함. 기상청 기상자료개방포털의강수 일수와 강수량 자료를 이용하였으나 집중호우 일수 자료를 찾을 수 없어 일 강수량 자료로 간접적으로 구해봄. 2020년부터 2022년까지 6~11월의 강수확률을 강수 일수/3달 일수로 구하고 비가 집중호우로 내릴 확률을 집중호우일수/강수일수로 구한 결과 6~8월의 집중호우 조건부 확률이 높고 특히 8월이 가장 높았음을 설명함. 9~11월은 한대제트의 영향으로 가을비가 내려 강수 확률은 높지만 집중호우로 내릴 확률은 적었다는 사실도 소개함. 강수량의 평균과 표준편차를 구해 정규분포 그래프로 나타내어 이해도 높은 자료를 바탕으로 뛰어난 발표함. 영어 수업에서 읽은 영어 지문을 통해 작은 수의 법칙에 호기심을 갖고 관련 도서인 〈삶의 무기가 되는 경제학〉을 읽고 나서 작은 수의 법칙은 인간이 흔히 저지르는 실수로 시도한 횟수가 충분하지 않으면 이변이 발생한다는 것이고 충분한 시도를 거칠수록 통계적

확률이 수학적 확률에 가까워진다는 큰 수의 법칙에 빗댄 용어라
는 것을 설명하는 보고서를 작성함.

교과세특 가장 중요한 학생부

- 교과세특은 다수의 전형이 본다
- 미리 준비해야 한다
- 수행평가, 수업태도, 탐구활동
- 수업, 독서, 타활동, 타교과와의 연계
- 진로보다는 교과역량이 중요
- 각 교과당 2개의 내용이 좋

chapter **10**

고등학교 선택
어떻게 해야 하나

중학교 3학년과 학부모가 가장 걱정하는 것은 바로 '어떤 고등학교에 가는 것이 유리하냐'입니다. 자사특목고를 갈 거냐 일반고를 갈 거냐에서부터 근처 일반고 중 어떤 학교를 가느냐, 공학을 가느냐 남고·여고를 가느냐 하는 등의 고민을 합니다. 어떤 학교를 선택하느냐가 대입 전략의 출발점이기 때문에 고등학교 지원 시기가 되면 많은 상담과 학교 설명회를 가곤 합니다. 각 학교마다 특성이 있고, 학교에 따른 대입 지원 전략이 달라지기 때문에 선택에서 신중해야 합니다.

고교 선택 포인트

진로희망	학업성취	공부성향	통학거리
시험 스트레스	남고 여고 남녀공학	학교 면학분위기	입시

어떤 고등학교를 선택하느냐는 대입 전략뿐만 아니라 학생 개인의 성향까지 따져봐야 하는 다소 복잡한 문제입니다. 더군다나 고교학점제라는 전무후무한 교육시스템의 변화를 앞두고 있는 시점에서는 많은 고민을 할 수밖에 없는 상황입니다.

고등학교 별
지원 시기

고등학교는 종류에 따라 모집 시기가 다릅니다. 영재학교와 과학고는 전기 모집을 하며, 나머지 학교는 후기 모집을 하게 됩니다. 지원 시기가 다르고, 전기 모집에 합격을 할 경우에는 후기 모집 학교에 지원을 할 수가 없게 됩니다. 후기 모집에서도 자사고, 자공고, 일반고, 국제고, 외고를 동시에 지원을 하기 때문에 지원 순위 선정에 고심해야 합니다. 1순위에 지원한 고교에 선발되지 않을 경우, 원치 않는 일반고에 배정될 수도 있기 때문입니다.

전기 모집	후기 모집
영재학교 6월 과학고 9월	자사고·자공고 일반고 국제고·외고

영재학교

영재학교는 영재교육기관으로 무학년 졸업학점제를 운영하고 있습니다. 전국에 8개의 학교가 있습니다.

서울과학고	대구과학고	광주과학고	인천과학예술영재학교
대전과학고	경기과학고	세종과학예술영재학교	한국과학영재학교

지원 방식 | 수학/과학 분야 영재를 대상으로 선발하며 6월에 모집합니다. 전국단위 모집이라서 전국에 있는 모든 중학생이 지원 가능합니다. 8개의 학교 중 1개 교만 지원 가능합니다. 합격 시 후기 지원 고등학교에는 지원할 수 없습니다.

2023-2024학년도 경쟁률

학교명	2023	2024	학교명	2023	2024
서울과학고	5.57	6.89	대전과학고	5.93	4.64
경기과학고	5.31	미공개	한국과학영재학교	7.07	6.89
광주과학고	4.00	4.74	세종과학예술영재학교	7.25	7.37
대구과학고	7.89	5.36	인천과학예술영재학교	6.33	8.48

선발 방식 | 창의적 문제해결력 평가와 영재성 검사라는 지필고사를 통해 학생을 선발합니다.

서류-영재성/사고력 검사-영재 캠프라는 3단계에 걸쳐서 학생을 선발합니다. 영재학교답게 수학과 과학이 우수해야 하며 자기주도적 학습 의지를 가지고 있어야 합니다.

대입 준비 | 수능과는 거리가 먼 교육과정을 가지고 있으므로 수능 준비는 각자 알아서 해야 합니다.

과학고

지원 방식 | 9월에 학생을 모집합니다. 지역 소재 1개 과학고만 지원할 수 있습니다. 합격 시 후기 지원 고등학교에는 지원할 수 없습니다.

선발 방식 | 서류평가-면접이라는 2단계에 걸쳐서 학생을 선발합니다. 서류평가는 학생부, 자기소개서, 추천서 그리고 중학교 방문 면접이 포함됩니다. 내신은 수학과 과학만 반영하며 학생부에서는 수상경력과 영재기록은 제외됩니다. 자기소개서는 수학, 과학, 인성 항목에 대해서 3,000자 분량을 써야 하며, 교사가 쓴 1,000자 분량의 추천서가 필요합니다. 면접은 소집 면접과 종합면접으로 이루어집니다. 면접은 학교마다 다릅니다.

대입 준비 | 수능과는 거리가 먼 교육과정을 가지고 있으므로 수능

준비는 각자 알아서 해야 합니다. 학생부종합전형 위주로 대입을 준비합니다.

국제고

서울국제고	부산국제고	인천국제고	세종국제고
고양국제고	동탄국제고	청심국제고	대구국제고

지원 방식 | 12월 후기 모집으로 자사고, 자공고, 일반고, 외고와 함께 지원합니다. 해당 지역 학교만 지원 가능합니다. 1지망으로 국제고를 지원했는데, 선발되지 못할 경우 비선호 일반고에 배정될 수 있습니다.

선발 방식 | 영어내신과 면접이라는 2단계 전형으로 선발합니다. 1단계에서는 영어내신을 보며 동점자의 경우 국어, 사회 성적으로 봅니다. 2단계에서는 1단계 성적과 함께 면접을 보며, 자기소개서의 내용을 바탕으로 질문이 이루어집니다. 자기소개서는 자기주도학습 경험을 내용으로 1,500자 분량을 요구합니다. 면접에서는 자기주도학습 과정, 진로계획 및 지원 동기, 독서활동, 핵심 인성 요소를 중심으로 이루어집니다.

대입 준비 | 외국어와 국제계열 위주로 수업이 진행되며 학교의 특성상 자연계열 수업 비중이 적은 관계로 자연계열 희망 시 입시 준비에 어려움이 있습니다.

외고

지원 방식 | 12월 후기 모집으로 자사고, 자공고, 일반고, 외고와 함께 지원합니다. 해당 지역 학교만 지원 가능합니다. 1지망으로 외고를 지원했는데, 선발되지 못할 경우 비선호 일반고에 배정될 수 있습니다. 전국에 총 30개의 외국어고등학교가 있으며 서울지역에는 대원외고, 대일외고, 명덕외고, 서울외고, 이화여자외고, 한영외고의 6개 학교가 있습니다.

선발 방식 | 영어내신과 면접이라는 2단계 전형으로 선발합니다. 1단계에서는 영어내신을 보며 동점자의 경우 국어, 사회 성적으로 봅니다. 2단계에서는 1단계 성적과 함께 면접을 보는데, 이때 자기소개서의 내용을 바탕으로 질문이 이루어집니다. 자기소개서는 자기주도학습 경험을 내용으로 1,500자 분량을 요구합니다. 면접에서는 자기주도학습 과정, 진로계획 및 지원 동기, 독서활동, 핵심 인성 요소를 중심으로 이루어집니다.

대입 준비 | 외국어 학과별 수업이 이루어지며, 학교 특성상 자연계열 수업 비중이 적어 자연계열 희망 시 입시 준비에 어려움이 있습니다. 학교활동이 많아 학종전형에서 유리합니다. 다만 여전히 치열한 내신 경쟁은 감수해야 합니다. 외고의 경우 국제외고 전환 이슈가 있습니다. 외고에서 국제 관련 교육과정 편제 시 국제고와 비슷한 수업이 가능합

니다. 다만 같은 지역의 외고가 이런 교육과정을 편제할 경우 같은 지역의 국제고 지원이 불가합니다.

자사고(전사고)

하나고	인천하늘고	현대청운고	외대부고	김천고
포항제철고	북일고	상산고	광양제철고	민족사관고

지원 방식 | 12월 후기 모집으로 일반고와 중복 지원이 가능합니다.

선발 방식 | 2단계 전형으로 1단계에서는 교과내신, 2단계에서는 면접으로 학생을 선발합니다. 내신의 경우 학교에 따라서 주요교과 혹은 전교과를 반영합니다. 학생부는 수상경력, 교과학습발달 사항에서의 원점수, 평균을 제외합니다. 자기소개서는 자기주도학습 경험을 내용으로 1,500자 분량을 써야 합니다. 면접의 경우 학교마다 진행 방식이 다르지만, 주로 자기주도학습과 독서 관련된 내용을 다룹니다. 특이한 점은 전사고의 경우 지역인재전형으로 20% 선발 의무를 가진다는 점입니다.

대입 준비 | 대입에 유리한 교육과정과 다양한 교육 프로그램을 운영하고 있습니다. 우수한 학생들이 모이다 보니 내신 경쟁이 치열합니다. 학종과 정시에서 모두 좋은 입결을 보여주고 있습니다.

학교명	2024	2023	2022	학교명	2024	2023	2022
하나고	3.03	2.72	2.14	현대청운고	2.05	1.80	1.55
외대부고	3.24	3.60	2.87	포항제철고	2.01	2.20	1.33
민사고	1.83	2.05	1.89	북일고	2.11	2.38	1.67
상산고 (남/여)	2.23/2.9	1.88/2.69	1.94/2.82	김천고	1.43	1.64	1.68
인천하늘고	4.12	3.96	3.72	광양제철고	1.51	1.44	1.39

자사고(지역자사고)

지원 방식 | 12월 후기 모집으로 일반고와 중복 지원이 가능합니다. 서울 16개교를 포함하여 전국에 25개의 지역 자사고가 있습니다.

선발 방식 | 2단계 전형을 공개 추첨-서류, 면접을 통해서 학생을 선발합니다. 학생부는 수상경력과 교과학습발달 사항이 제외되며, 내신성적평가를 하지 않습니다. 자기소개서는 자기주도학습 경험을 내용으로 1,200자 분량을 써야 합니다. 서울의 경우 경희고, 대광고, 한대부고, 신일고의 4개는 완전 추첨으로 학생을 선발하며, 나머지 학교의 경우도 모집정원의 120% 미만의 학생 지원 시 면접을 보지 않습니다.

대입 준비 | 대입에 유리한 교육과정과 다양한 교육 프로그램을 운영하고 있습니다. 우수한 학생들이 모이다 보니 내신 경쟁이 치열합니다. 학종과 정시에서 모두 좋은 입결을 보여주고 있습니다.

일반고

보통 대다수의 학생들은 집 근처에 있는 일반고를 지원합니다. 하지만 일반고도 학교에 따라 특성이 다르며, 지역에 따라 집중하는 대입전형도 다릅니다. 소위 학군에 속하는 일반고의 경우 정시 위주로 대입 준비를 하며, 다수의 일반고는 학생부교과와 학생부종합전형 위주로 운영합니다.

그동안 정시형 학교라고 불리웠던 일반고의 경우 2028대입을 맞아 많은 변화를 보일 가능성이 높습니다. 정시에서 수능 이외의 내신과 학생부가 평가 요소가 자리 잡게 되면, 정시 위주로 실적을 내던 학교의 입결은 변화를 보일 수밖에 없습니다.

학생부교과전형 중심의 실적을 내는 일반고 역시 변화가 불가피해 보입니다. 기존 평가 요소인 내신에 학생부가 추가되는 준학종형 교과가 될 가능성이 높습니다. 이미 이런 방식으로 학생부교과전형을 운영하는 경희대와 동국대의 실적이 좋은 학교들이 2028대입에서 선전할 가능성이 높습니다.

2028대입에 따른
학교 별 영향

　가장 큰 변화는 내신평가체계가 상대평가 5등급으로 변한다는 점입니다. 이는 기존의 9등급 내신 체계에서 불리했던 특목·자사고가 이전보다 불리한 점이 완화되는 효과가 있습니다. 따라서 학생부의 경쟁력에서 우위에 있는 특목·자사고의 선호도가 다소 올라갈 가능성이 있습니다.

　외고와 국제고의 경우 내신 부담이 약화되어, 인문계열로 진학을 원하는 우수한 학생들의 지원이 증가할 가능성이 있습니다. 하지만 내신 경쟁은 일반고에 비해서 치열하며 활동이 굉장히 많이 때문에, 이를 해내면서 내신과 수능 공부를 해야 합니다. 또한 수능 준비는 학생들 각자가 알아서 해야 하는 점은 여전히 존재합니다. 자사고의 경우 특목고와 마찬가지로 내신 부담이 완화됩니다.

　전사고(전국단위 자사고)의 경우 수시와 정시 모두 우수한 입결을 보이고 있으므로 높은 선호도는 유지될 것입니다. 지역 자사고의 경우 교육과정과 프로그램의 차이가 있으므로 일반고와의 경쟁력을 고려해서 선택해야 합니다. 활동이 많아 학생부의 경쟁력이 우수하지만, 여전히 내신 경쟁은 치열하고 수능 역시 학생들이 알아서 준비해야 합니다. 하지만 이전보다 선호도는 올라갈 것으로 예상됩니다.

특목·자사고는 둘 다 활동이 매우 많습니다. 우수한 학생들이 모이다 보니 내신 경쟁 역시 치열합니다. 수업은 수능 수업 위주가 아니기 때문에 각자 도생으로 준비해야 합니다. 특목·자사고를 지원하려는 학생들은 이런 환경을 고려해야 합니다. 스트레스에 약하거나 자존감이 약하고 활동을 그리 좋아하지 않는 학생들은 지원 여부를 신중히 결정해야 합니다.

특목/자사고
___
정시&학종
고1 학평(국/영)
1,2등급은 되야
내신 경쟁 여전히 치열함
학교활동 매우 많음

일반고
교과&학종&정시

학교 프로그램과
교육과정

일반고의 경우 2028대입 변화에 가장 큰 영향을 받게 됩니다. 기존 가장 큰 강점이었던 내신이 5등급으로 변해 강점이 희석되며, 입결에서 우수한 결과를 봤던 학생부교과전형에서 학생부 비중이 늘어나 입결에서의 변화가 불가피합니다. 최악의 경우 바뀐 환경에 발 빠르게 적응하지 않는 일반고의 경우 소위 이야기하는 입결 폭망을 경험할 수도 있습니다. 따라서 일반고의 경우 학교가 운영하는 프로그램과 교육과정을 잘 살펴보시고 결정해야 합니다.

 10-3

학교알리미를 활용하자

〈학교알리미www.schoolinfo.go.kr/Main.do〉라고 해서 전국에 있는 초중고등학교의 기본 정보를 알 수 있는 사이트가 있습니다.

졸업생의 진학 현황, 교과별 학업성취도, 교육운영 특색사업 계획, 방과후 학교, 교육과정 현황 등 다양한 고교 관련 정보를 볼 수 있습니다. 졸업생의 진학 현황은 사실 생각보다 그리 큰 부분은 아닙니다. 소위 수능 성적이 높은 학교들은 정시 위주로 대학을 가기 때문에 생각보다 졸업생의 진학률이 높지 않습니다. 이는 지역별 학교 별 상황에 따라 해석이 필요한 부분입니다.

여기서 확인해야 할 부분은 교과별 학업성취도와 교육운영 특색사업, 그리고 교육과정 현황입니다. 교과별 학업성취도는 학년별, 교과별로 확인이 가능합니다. 과목별 평균과 표준편차, 성취도별 분포 비율을 확인할 수 있습니다.

공시정보 2024년 ▼ 선택

📖 교육활동　　🏫 교육여건　　🧍 학생현황　　🧍 교원현황　　💰 예결산현황　　📊 학업성취사항

계열(학과)	과목	1학기							2학기						
		평균	표준편차	A	B	C	D	E	평균	표준편차	A	B	C	D	E
전체계열 / 전체학과	국어 (4)	66.3	15.7	7.3	18.1	26.9	25.7	22.1	68.4	18.0	10.4	24.3	18.0	13.9	33.4
전체계열 / 전체학과	수학 (4)	66.2	14.4	13.3	30.5	29.6	19.0	7.6	61.3	20.8	38.2	23.0	12.6	16.7	9.5
전체계열 / 전체학과	영어 (4)	63.1	21.6	19.3	26.9	19.3	19.3	15.1	64.2	21.2	30.6	26.2	19.6	17.4	6.3
전체계열 / 전체학과	한국사 (3)	66.3	20.4	36.9	30.2	22.1	8.5	2.4	64.0	22.9	27.4	21.5	12.3	10.1	28.7
전체계열 / 전체학과	통합사회 (4)	76.1	12.3	27.5	28.7	36.6	6.6	0.6	79.5	12.1	26.8	25.6	31.9	12.9	2.8
전체계열 / 전체학과	통합과학 (4)	65.2	15.1	11.8	23.3	23.3	31.1	10.6	67.3	18.3	25.6	25.2	19.2	23.0	6.9
전체계열 / 전체학과	과학탐구실험 (1)	89.6	7.1	89.7	10.3	0.0	0.0	0.0	93.4	8.4	90.5	9.5	0.0		
전체계열 / 전체학과	체육 (2)	75.5	13.9	46.2	41.7	12.1	0.0	0.0	76.9	14.8	44.2	41.0	14.8		
전체계열 / 전체학과	음악 (2)	86.2	6.7	89.4	10.3	0.3	0.0	0.0	79.7	9.6	54.3	44.8	0.9		
전체계열 / 전체학과	가정과학 (2)	80.1		51.5	45.4	3.1			79.1		53.0	40.2	6.7		
전체계열 / 전체학과	인공지능 기초 (2)	79.0		47.6	51.2	1.2			79.3		44.4	54.9	0.7		

(표 상단: 2023학년도 / 1학년 / 성취도별분포비율)

보통 평균이 높고 표준편차가 낮으며, A성취도 비율이 높은 학교는 학생들의 학업역량 수준이 높다고 평가할 수 있습니다. 또한 각 학교의 특색사업과 교육과정 편성표를 통해서 학교의 프로그램과 교육과정 운영현황을 알 수 있습니다. 특색사업을 통해서 학교가 운영하고 있는 전반적인 학교 프로그램을 살펴볼 수 있습니다. 교육과정 편성표를 통해서는 학교의 교육과정이 얼마나 다양한 과목 선택이 가능한지도 살펴볼 수 있습니다.

학교 홈페이지와
학교 설명회

알고 싶은 고등학교 홈페이지를 방문해 보는 것도 필수적으로 해야 합니다. 고교알리미에 올라와 있지 않는 다양한 정보가 홈페이지에는 올라와 있습니다. 학교 프로그램이나 전년도 입학 입결 등이 올라오는 경우가 많습니다. 또한 학교 설명회에 대한 일정도 학년말에는 공지가 됩니다. 학교 설명회에서는 전년도 입결에 대해서 더 자세한 내역이 공개되며, 학교가 자랑하는 학교 프로그램이나 입시전략 등을 소개하기도 합니다.

이때 설명회에 가면 학부모님께서는 꼭 '전형별 입결'에 대해서 물어보아야 합니다. 보통 전체 입결만 공개하기 때문에 전형별 입결을 구체적으로 질의해야 합니다. 특히 학교의 역량을 잘 나타내는 학생부종합전형 입결은 꼭 확인해야 합니다. 학생부교과나 정시는 학교보다는 학생 개인 역량이 더 부각되는 전형이므로 학교의 역량을 파악하기 위해서는 학생부종합전형의 입결이 중요합니다. 학종 입결이 좋은 학교라면 좋은 프로그램과 입시전략 운영을 잘하는 학교라고 생각하면 됩니다.

이제 선택이 중요하다

- 2028대입에 따른 유불리
- 학생 본인의 성향
- 학교 프로그램과 교육과정
- 해당 학교의 입결 (전형별)

입시에 도움이 되는 곳

요즘 입시 정보를 모르면 입시에서 성공하기 힘듭니다. 그래서 많은 학생들은 학교 선생님이나 사교육 컨설팅을 활용해서 입시 정보를 접하게 됩니다. 하지만 지금 어떤 시대죠? AI 챗지피티가 여행 계획을 짜고, 심지어 코딩 프로그램까지 짜주는 시대입니다. "입시 정보 몰라요." "학교가 신경 안 써줘요." "부모님이 너무 바빠요." 등의 변명은 더 이상 통하지 않는 시대입니다. 조금만 움직이면, 조금만 찾아보면 웬만한 입시 컨설팅 수준의 정보와 자료를 접할 수 있는 시대입니다. 여러분이 유튜브나 넷플릭스를 조금만 보지 않아도 여러분에게 필요한 정보 정도는 찾을 수 있습니다. 유튜브는 물론, 입시 관련 언론이나 카페, 밴드를 살펴보면 웬만한 입시 설명회는 가볼 필요가 없을 정도고 양질의 정보가 많습니다.

생각보다 질 높은 유튜브 입시 채널

유튜브에서 '입시', '대입', '수시' 등의 용어만 쳐봐도 엄청나게 많은 영상이 주르륵 나옵니다. 문제는 어떤 영상을 봐야지 내게 적합한 정보를 얻을 수 있을까 하는 선택의 문제에 빠지게 됩니다.

유니브 클래스

요즘 핫한 입시 채널 '유니브 클래스'입니다.

부담스럽지 않은 진행으로 학생/부모님/선생님 모두 좋은 정보를 얻을 수 있습니다. 특히 학생과 부모님이 자신의 학생부와 모의고사 점수로 컨설팅 받는 영상을 꽤 도움이 됩니다. 물론 해당 학생의 자세한 스펙은 나오지 않지만, 내신과 대략의 학생부 정보로 고3 수시나 정시 라인을 잡는 데 나름 도움이 됩니다.

입시왕

정보와 개그 코드까지 동시에 잡는 '입시왕'입니다.

다양한 입시 사연을 라디오 진행하듯이 읽어주며 나름대로의 해법을 제시해 줘서 상당히 재미있습니다. 재미만 있는 게 아니라 진행하시는 분들의 '촌철살인'에 '팩트폭력'까지 맛볼 수 있습니다. 학생들도 보면 좋지만, 부모님께서 보면 더 공감할 만한 채널이라고 생각합니다.

진학티비

최신 입시 정보와 입결을 소개해 주는 '진학티비'입니다.
재미 면에서는 조금 떨어지긴 하지만 (입시가 재미는 아니죠 ^^) 진학사에서
제작하기 때문에 최근 입결과 입시 정보를 깔끔하고 정확하게 정리해 줍니
다. 영상 길이도 20분 정도로 길지 않습니다. 담백하게 입시정보를 얻고 싶
다면 추천드립니다. 특히 요즘은 실제 해당 대학을 방문하여 실제 대학생들
에게 입결을 확인하는 영상 좋습니다.

미미미누

역시 요즘 핫한 채널이죠? '미미미누'입니다.
요즘 세대 코드에 맞는 미미미누식 진행이 돋보입니다. 기성세대가 보면 다
소 산만해 보이지만, 생각보다 날카로운 정보를 제공합니다. 인강 일타강사
분들과 콜라보도 많이 하고(좋은 수능 팁도 제공) 합격생들 인터뷰도 도움이
됩니다. 골라서 보면 생각보다 괜찮은 정보도 얻을 수 있습니다.

이투스 교육채널

이투스에서 운영하는 교육 채널입니다. 유명한 사교육 기관이기 때문에 다
양한 알찬 정보를 담은 영상이 많습니다. 특히 '입시공부하는 금요일(입금)'
영상은 상당히 좋습니다. 꽤 자세하게 입시 관련 내용을 소개해 주기 때문에
꼼꼼히 살펴보면 좋습니다.

교육대기자TV

정말로 다양한 입시 관련 정보를 담은 '교육대기자TV' 채널입니다. 입시뿐만
아니라 자녀교육부터 사교육노하우, 유명인사 인터뷰 등 좋은 정보를 담아
내고 있습니다. 학생이 보면 좋지만, 부모님께서 보면 더 좋은 채널입니다.

입시 관련 언론도 좋다

내일교육

개인적으로 강추하는 교육·입시 관련 언론입니다. 특히 학생이 학종에 관심이 많다면 더더욱 읽어봐야 하는 자료가 많은 곳입니다. 합격생과의 인터뷰를 통해서 학생의 입시 로드맵을 알 수 있고, 다양한 독서 연계활동과 책소개가 가득합니다. 최신 시사 이슈도 있고 시시각각 변하는 입시 트렌드도 확인 가능합니다. 다만 유료기사가 많아서 1년 정기 구독해서 매주 잡지로 받아보는 걸 추천합니다.

에듀동아

교육·입시 관련 언론의 정석입니다. 다양한 입시 관련 소식을 어렵지 않게 기존 언론처럼 소개합니다. 무료 기사로 채워져 있어서 부담 없이 맘 편히 볼 수 있는 것이 최대 장점입니다. 심층기사도 있지만, 입시 관련 뉴스를 알기 쉽게 기사화하는 것이 좋습니다.

베리타스알파

우리나라의 대표적인 입시 전문 언론입니다. 다양한 데이터와 인터뷰, 조사를 바탕으로 데이터 중심의 기사가 일품입니다. 대학입시뿐만 아니라 고입에 관한 기사도 상당히 많습니다. 대학별 입시와 입결 등에 대한 좋은 기사를 읽어볼 수 있습니다.

괜찮은 뉴스

입시 전문가들이 많이 보는 뉴스로 기사 수준이 상당히 높습니다. 어느 정도 입시에 대한 지식이 있다면 더욱 알찬 정보를 얻을 수 있는 곳입니다. 특정 이슈에 대한 입시 전문가의 설명과 분석이 좋습니다만, 입시 초보 분들에게는 다소 난해할 수 있습니다.

로물콘

대표적인 입시 관련 맘카페라고 불리는 네이버 카페입니다. 다양한 입시자료와 의견들이 올라오며 맘카페 비슷한 분위기라서 다소 친근한 분위기의 입시 카페입니다. 수시 시즌이 다가오면 각종 다양한 학부모님들과 수험생들의 애환이 올라오며 빠른 입시 소식도 좋습니다.

대입부(대학입시를 부탁해)

그리 오래되지 않은 입시 카페지만, 질적으로 우수한 자료가 많은 네이버 카
페입니다. 입시, 특히 학종에 대한 고급 진 정보가 장점입니다. 학부모님들과
상주하시는 관리자분들의 입시 내공이 대단합니다. 수시에 특화된 각종 정
보를 얻을 수 있습니다.

수만휘

말이 필요 없는 대한민국 최대 입시 카페입니다. 대한민국 수험생은 한 번쯤
은 들어가 본 네이버 카페로 다양한 입시자료와 생동감 있는 수험생활에 대
한 조언과 이야기들이 넘치는 공간입니다. 많은 멘토들이 있어서 실제적인
도움을 주기도 합니다. 보유 회원이 많이 질문에 대한 답변이 바로 달리는 장
점이 있지만, 누구나 답변을 달 수 있기에 답변의 질은 보장이 안되는 경우도
있다는 사실을 기억해야 합니다.

고등학교 담임샘들의 시너지

현직 교사인 은동쌤이 만든 교육입시 밴드로 공교육과 사교육의 역량 있는
분들이 꾸준히 입시 관련 자료를 업로드해 주시는 네이버 밴드입니다. 입시
자료뿐만 아니라 다양한 탐구활동 주제도 많아 학생들이 탐구활동 주제를
찾는 데 도움이 되는 교육밴드입니다.

입시 용어 및 각종 양식

고등학교에 올라와서 입시설명회나 강의를 듣다 보면 입시와 관련된 용어들이 많이 나와서 '이게 뭐지?'라는 생각을 하게 됩니다. 꼭 알아야 될 필요는 없지만, 그래도 고등학교 3년 동안 계속 듣게 되는 말들이므로 이것이 무엇을 의미하는지 정도는 알고 있는 것이 좋습니다. 한번 쭉 읽어보시고 어떤 의미인지 살펴보세요.

학생부 용어

교과 | 입시에서 교과란 한마디로 학생의 학업역량을 알 수 있는 항목이라고 할 수 있습니다. 학생부에 기재되는 학업성취수준, 즉 내신성적과 수능 점수가 대표적이며, 교과세특에 기재되는 내용과 과목 선택 역시 교과영역으로 평가하고 있습니다. 비교과 영역에 비해서 상대적으로 중요한 요소로 여겨지고 있습니다.

KEY WORD | ▶학업성취수준 ▶내신성적(전체 내신/과목별 내신) ▶교과세특 ▶과목 선택

비교과 | 교과를 제외한 모든 평가 항목이며 교육과정 중 경험한 모든 활동을 의미합니다. 예전에는 자기소개서와 추천서가 있었지만 모두 사라졌고, 학생부에서 비교과 항목은 출결과 창체활동을 의미합니다. 이전과 비교해서 비교과 영역의 비중이 줄어들고 있지만, 여전히 학생의 주도성과 진로역량을 평가할 수 있는 영역이므로 신경 써야 합니다. 창체활동이 대표적이며 자율·자치활동, 동아리활동, 진로활동(자동진) 영역이 이에 해당됩니다. 출결 역시 대표

적인 비교과 영역이라고 할 수 있습니다.

KEY WORD | ▶출결 ▶창체활동(자율·자치활동, 동아리활동, 진로활동) ▶자동진

상대평가 | 학생의 성적을 다른 학생의 성적과 비교한 위치에 따라 평가하는 방법입니다. 고교학점제에서는 5등급 상대평가로 평가하며 1등급은 10%에 해당하는 학생들까지 받게 됩니다. 참고로, 수능의 경우 9등급 상대평가로 평가됩니다.

KEY WORD | ▶5등급 성적 ▶비율에 따른 등급 ▶전체 내신 ▶과목별 내신

절대평가 | 학생의 학업성취도를 교과에서 정한 절대적 기준(점수)을 바탕으로 평가하는 방법입니다. 고교학점제에서 사회·과학 융합선택 9개 과목이 절대평가(A-B-C-D-E)로 평가가 됩니다. 점수 기준으로 평가가 되므로 다른 학생과의 경쟁이 아닌 자신과의 경쟁(공부)으로 결정된다는 장점이 있습니다.

KEY WORD | ▶A-B-C-D-E ▶기준 점수에 따른 성적부여 ▶사회·과학 융합선택 9과목

교과세특 | 과목별 세부 능력 및 특기 사항을 의미합니다. 각 교과에서 담당 선생님이 학생을 관찰하고 평가한 내용을 500자 이내로 기재하는 항목입니다. 내신성적과 마찬가지로 그 중요도가 학

생부에서 매우 높으며, 이제 학종뿐만 아니라 교과와 정시에서도 그 내용을 평가하고 있으므로 교과세특의 내용에 신경을 써야 합니다. 수행평가, 수업태도, 발표, 보고서 등 다양한 내용에 대해서 기재됩니다.

KEY WORD | ▶과목별 세부 능력 및 특기 사항 ▶학종, 교과의 핵심 ▶글로 하는 평가 ▶발표 ▶보고서 ▶수행평가 ▶수업태도 ▶탐구 활동 ▶500자

개세특 | 개인 세부 능력 및 특기 사항입니다. 교과세특의 마지막 부분에 기재되며 최대 500자까지 기재됩니다. 개세특의 경우 기재할 수 있는 내용이 정해져 있습니다. 교과세특과 비슷하지만, 특정 교과에 기재될 수 없는 융합교과활동에 대한 내용이 들어가야 합니다. 보통은 학교자율교육과정에서 진행한 융합 교과적인 활동 내용이 기재됩니다.

KEY WORD | ▶개인 세부 능력 및 특기 사항 ▶수업량 유연화 ▶학교자율교육과정 ▶500자

창체활동 | 창의적 체험활동으로 자율·자치활동, 동아리활동, 진로활동으로 구성됩니다. 각 활동에 따라 기재 글자수가 다르며, 교육과정 내에서 진행한 것만 기재가 가능합니다. 하지만, 대부분의 학교·학년·학급 활동이 기재될 수 있습니다. 대부분의 기재 권한은 담임선생님에게 있으므로 다른 영역에 비해서 기재의 자유도가 높

습니다. 창체활동의 경우 개인탐구활동을 연계시킬 경우 담임선생님과의 상담이 필수적입니다.

KEY WORD | ▶자율·자치활동 500자 ▶동아리활동 500자 ▶진로활동 700자 ▶비교과활동 ▶자동봉진 ▶자동진

미기재 항목 | 학교에서 진행한 활동이지만, 학생부에 기재되지 않는 항목을 의미합니다. 방과후활동, 봉사활동 특기 사항(2022개정교육과정에서는 봉사활동 항목 삭제), 청소년 단체활동, 각종 자격증 관련 내용은 학생부에 아예 기재되지 않습니다.

KEY WORD | ▶방과후활동 ▶봉사활동 특기 사항 ▶청소년단체활동 ▶각종 자격증

미반영 항목 | 학생부에 기재는 되지만, 대입자료로 대학에 전송되지 않아 대입 평가 과정에서 반영되지 않는 항목을 의미합니다. 수상경력과 독서활동 사항, 진로활동내의 진로희망, 개인봉사활동 내용은 기재는 되지만, 대입에서는 활용되지 않습니다. 독서활동 사항은 미반영이지만, 교과세특이나 창체활동, 종합란에 기재된 독서 관련 내용은 상관없습니다.

KEY WORD | ▶대입반영X ▶수상경력 ▶독서활동 사항 ▶진로희망 ▶개인봉사활동

학생부 정정 | 지난 학년의 학생부에서 틀린 부분을 수정하는

것을 의미합니다. 학생이 수정하고 싶다고 모두 수정하는 것은 아닙니다. 객관적인 자료가 있어야만 수정이 가능합니다. 여기서 객관적인 자료라 함은 '공식적인 학교의 기안문'을 의미합니다. 교사의 메모나 기록은 이에 해당되지 않습니다. 교과세특이나 창체활동, 종합란처럼 활동 내용에 대한 기재가 되어 있는 부분은 그 내용을 기안문에 올리지 않으므로 사실상 수정이 불가능합니다. 참고로 기안문에는 행사내용과 참가학생의 명단 정도가 올라갑니다. 따라서 누락된 부분을 수정할 경우 '~에 참가함' 정도의 첨가밖에 되지 않습니다. 틀린 부분의 경우 '삭제'는 가능하지만, 그만큼 해당 항목은 내용이 비게 됩니다. 오탈자의 경우는 수정이 가능합니다. 따라서 학기말이나 학년말에 학생부 확인이 이루어질 때 꼼꼼하게 학생부의 내용을 살펴보는 것이 중요합니다.

KEY WORD | ▶객관적 자료 증빙 ▶지난 학년 수정 ▶단순 이유 불가

학생부 확인 | 당해 연도 학생부 기재에 대해서 학생들이 본인들의 학생부 내용을 확인하는 것을 의미합니다. 보통 학기말이나 학년말에 진행합니다. 학생부 확인 시기와 진행 방식은 학교마다 다릅니다. 해당 연도의 교과세특과 종합란은 확인이 불가하기 때문에 보통 학기말이나 학년말에 잠깐의 시간을 할애해서 확인하는 경우가 대부분입니다. 학년이 올라가면 대부분의 내용은 수정이 사실상 불가능하므로 학생부 확인 기간에 꼼꼼하게 확인하는 것이 중요합니다.

KEY WORD | ▶해당 연도 교과세특,종합란 확인 불가 ▶전년도 학생부는 모든 영역 가능 ▶학기말, 학년말 확인

대학 입학전형 용어

수시전형 | 수능 전 접수하는 대학전형을 의미합니다. 학생부교과, 학생부종합, 논술, 실기전형으로 구분되며 6회의 지원이 가능합니다.

KEY WORD | ▶수능 전 접수 ▶교과 ▶학종 ▶논술 ▶실기 ▶6회지원 ▶수시합격생 정시 지원 불가

정시전형 | 수능 후 접수하는 대학전형을 의미합니다. 수능 위주와 실기전형으로 구성되며 3회의 지원이 가능합니다. 수시전형 합격자 명단에 올라간 학생은 등록 여부와 상관없이 정시 지원이 불가능합니다.

KEY WORD | ▶수능 후 접수 ▶수능 위주 ▶실기 ▶3회지원 ▶가군 ▶나군 ▶다군

수능최저 학력 기준 | 수시에서 대학별로 지원학생들에게 정해놓은 수능 성적의 하한선입니다. 보통은 등급으로 수능최저를 설정하며 보통 〈O합O〉 식으로 표현합니다. 예를 들어 〈3합5〉라면 3개 영역의 과목 등급 합이 5이내여야 합니다. 대학, 계열, 학과마다

수능최저 설정이 다릅니다. 또한 들어가는 수능영역도 다르므로 자신이 지원하려는 대학의 수능최저를 잘 살펴봐야 합니다. 수시에서는 수능최저를 넘느냐가 중요한 관건이며 충족하지 못할 시 다른 평가 요소와 상관없이 탈락하게 되므로 수능최저가 있는 전형에 지원하는 학생들은 수능 공부를 열심히 해야 합니다.

KEY WORD | ▶수능최저 ▶미충족시 불합격▶대학, 전형, 계열, 학과별로 다름 ▶4합7

정량평가 | 학생에 대한 평가를 할 때 객관적으로 수치화가 가능한 자료로 평가하는 것을 의미합니다. 숫자로 학생의 역량을 알 수 있는 내신등급이나 수능 점수가 대표적이며, 요즘은 학생이 이수한 특정 과목(수학, 과학)의 수도 포함됩니다.

KEY WORD | ▶내신 ▶수능 ▶이수 교과수

정성평가 | 학생에 대한 평가를 할 때 제공된 자료를 평가자의 주관에 따라 그 의미를 해석하는 방식으로 평가하는 것을 의미합니다. 학생부나 면접평가에서 많이 사용됩니다. 하지만, 주관적이라고 해서 기준이 없는 것은 아닙니다. 대학에 따라서 어느 정도 평가의 범위를 제공하여 평가의 공정성을 유지하고자 합니다.

KEY WORD | ▶학생부 ▶서류 ▶면접평가 ▶학종

지역균형선발 | 수도권 대학에서 전국의 모든 학생을 대상으

로 하는 전형입니다. '지역균형'이라고 되어 있지만, 실제로 지역과는 상관없고 우수한 일반고 학생들을 선발하기 위한 전형으로 주로 학생부교과전형으로 선발합니다. 학교장 추천으로 운영하기도 하며 대학에 따라 추천인원 제한이 걸려있기도 합니다.

KEY WORD | ▶지균 ▶수도권 대학 ▶모든지역 지원 가능 ▶교과전형 위주 ▶학교장추천(학추)

지역인재선발 | 비수도권 대학에서 해당 지역 고교 출신자를 대상으로 하는 전형입니다. 2027대입까지는 고등학교 전학년을 해당 지역 고교에 있어야 하며, 2028대입부터는 중1부터 고3까지 해당 지역 중고교 출신이어야 합니다. 학생부교과와 학생부종합전형, 정시전형까지 다양한 전형으로 선발하고 있습니다. 주로 의치한약수나 간호학과와 같은 의학계열 선발에서도 적용되기 때문에 지역의 인재들의 수도권 대학으로 유출을 방지하는 역할도 합니다.

KEY WORD | ▶지방 ▶대학 소재 출신 지역 ▶교과/학종 전형 위주 ▶거점 국립대

명목반영비율 | 입시요강에 나온 각 전형 요소 별로 전형 총점에 미치는 비율을 의미합니다. 즉 입시요강에 학생부 300점 논술 700점으로 나와 있다면 이 전형의 명목반영비율은 학생부:논술 = 30%:70%을 의미합니다.

KEY WORD | ▶모집요강 기재

실질반영비율 | 각 전형 요소 별로 전형 총점에 미치는 실제적인 비율을 의미합니다. 입시요강에서 학생부 300점 논술 700점이지만, 학생부의 기본 점수가 200점이라면 실질적으로 학생부는 12.5%가 반영되고, 논술의 비율은 87.5%로 늘어나게 되어, 이 전형의 실질 반영 비율은 학생부:논술 = 12.5:87.5가 됩니다.

KEY WORD | ▶실제 반영율

1단계 합격 | 단계별 전형에서 1단계를 통과하여 다음 2단계 전형으로 가는 것을 의미합니다. 보통 1단계는 내신이나 학생부를 기준으로 평가하며 2단계는 면접, 혹은 1단계성적+면접으로 학생을 선발합니다. 1단계 합격은 입학 정원의 3~5배수 학생을 선발합니다. 보통은 수시전형의 학생부교과나 학생부종합전형에서 존재하지만, 간혹 논술전형과 정시전형에서도 단계형 선발을 하기도 합니다.

KEY WORD | ▶단계별 전형 ▶3배수 ▶5배수 ▶학생부

최초 합격 | 지원한 각 대학의 입학전형에서 최초로 합격하는 것을 의미합니다. 대부분의 학생들이 가장 듣고 싶어하는 말입니다.

KEY WORD | ▶합격자발표일 발표

중원 합격 | 최초 합격자가 등록하지 않아서 결원이 생겼을 때, 합격자 발표 당시 부여한 예비 합격 번호에 따라 추가로 합격하는 것을 의미합니다. 예비 1번이면 결원이 1명이 생겼을 때 합격자가

되며, 또 다른 결원이 생기면 그다음 예비 번호 학생이 합격하게 됩니다.

KEY WORD | ▶추가 합격 ▶예비 합격번호 ▶미등록충원

최종 등록 | 대학 합격자가 예치금을 납부한 후, 대학이 지정한 기일 내에 최종적으로 등록금을 납부하여 등록하는 것을 의미합니다.

KEY WORD | ▶등록금 납부 ▶예치금

예비 합격 순위 | 최초 합격 발표 시 최초 합격자 명단에 들지 못한 후순위 학생들에게 부여하는 합격 순위를 의미합니다. 예비 1번은 결원 발생 시 합격하게 됩니다. 대학마다 예비 합격 순위 부여가 다릅니다. 대학에 따라서 예비 번호를 주지 않는 경우도 있으므로 충원 합격 발표 시 확인을 해야 합니다.

KEY WORD | ▶예비1번 ▶노예비

이중 등록 | 수시와 정시에서 2개 이상의 대학에 합격을 한 후 2개 이상의 대학이 등록을 하는 경우입니다. 최종적으로 1개의 대학만 등록을 해야 하며, 추가 합격 등으로 인해 등록 대학을 변경할 경우, 이전 대학에 등록 포기를 통보해야 합니다. 이중 등록은 입학 취소 사유가 됩니다.

KEY WORD | ▶등록취소 사유

정원내선발 | 대학이 정부에서 허가된 입학정원 내에서 합격자를 선발하는 것을 의미합니다. 보통 입시 요강에 있는 학과나 학부, 단과 대학의 입학정원을 의미합니다.

정원외선발 | 가정의 소득이나 지역, 기타 여러 가지 사항을 고려하여 대학이 자율적으로 합격자를 선발하는 것을 의미합니다. 주로 농어촌전형이나 재외국민전형, 고른기회전형, 기회균등전형을 의미하며, 그 수가 1~3명 수준으로 굉장히 적습니다. 해당 전형의 기준에 맞는 학생만 지원 가능합니다.
KEY WORD | ▶농어촌 ▶특성화 ▶재외국민 ▶고른기회전형 ▶기회균등전형

교차지원 | 2028대입 이전 응시한 수능 계열과 다른 모집 단위에 지원하는 것을 의미합니다. 사회탐구 영역을 응시한 학생이 자연계열을 지원하거나, 과학탐구 영역을 응시한 학생이 인문계열을 응시하는 것을 의미합니다. 2028대입에서는 수능 응시 과목이 모두 동일하므로 교차지원을 할 필요가 없습니다.
KEY WORD | ▶인문·자연 ▶정시

정시이월 | 수시에서 미충원된 인원이 발생 시 그 인원을 정시 선발 인원으로 이월하는 것을 의미합니다. 수시 중복합격이나 수능최저 미충족으로 인해 매년 3~5%의 정시이월인 발생하고 있습니다.

복수지원 ｜ 수시는 6회, 정시는 3회의 지원을 할 수 있으며, 대학별로 전형에 따라 복수지원이 가능합니다.

KEY WORD ｜ ▶수시6회 ▶정시3회

블라인드 평가 ｜ 학생부종합전형에서 출신 고교의 후광효과를 방지하기 위해서, 지원자의 출신 고교의 모든 정보를 제외하는 제도를 말합니다. 학생부의 모든 영역에서 고교 이름이나 연상시키는 단어가 자동 블라인드 처리됩니다. 면접에서도 적용되며 면접시 교복 착용이 금지되고 이름이나 가족 배경들의 언급도 불가합니다. 요즘은 대학의 요구로 출신 고교의 교육과정 편성표 정도는 제공되고 있습니다.

KEY WORD ｜ ▶공정화방안 ▶출신학교 ▶가정배경

충원율 ｜ 추가 합격이 이루어진 비율을 의미합니다. 10명이 모집 정원일 경우 추가 합격 인원이 10명이라면 충원율은 100%를 의미합니다. 보통 이럴 경우 '한바퀴 돈다'라는 표현을 사용합니다.

KEY WORD ｜ ▶추가 합격

최저충족률 ｜ 수능최저 학력 기준이 있는 전형에 지원 학생 중 수능최저 기준을 충족한 지원자의 비율을 의미합니다. 대학과 전형에 따라 최저충족률은 다르며 보통 40~50% 정도 됩니다.

KEY WORD | ▶수능최저 ▶실질경쟁률

명목경쟁률 | 원서 접수 마감일에 대학이 발표한 최종 경쟁률을 의미합니다. 10명 모집에 100명이 지원한다면 명목경쟁률은 10:1이 됩니다.

KEY WORD | ▶원서접수마감일 ▶최종경쟁률

실질경쟁률 | 수능최저 충족율, 충원율, 대학별 고사 응시율 등을 반영하여 허수를 제거한 실질적인 진짜 경쟁률을 의미합니다. 10명 모집에 100명이 지원해서 명목경쟁률이 10:1이 되지만, 수능최저 충족율이 50%이고, 충원률이 100%가 되었다면 실질 경쟁률은 2.5:1이 됩니다.

KEY WORD | ▶수능최저 충족율 ▶충원율

50%/70% 컷 | 50% 컷은 합격 학생 중 50%에 해당하는 학생의 내신성적을 의미합니다. 가령 정원내 모집인원이 100명이라면 50등에 해당하는 학생의 내신입니다. 인원이 20명이라면 10등의 내신입니다. 평균 내신과 혼동하면 안 됩니다. 70% 컷은 합격학생 중 70%에 해당하는 학생의 내신성적을 의미합니다. 100명이라면 70등, 20명이라면 14등의 내신입니다. 보통 학생부종합전형의 경우 일반고와 자사고 합격생의 섞여 있으므로, 50% 컷을 참

조하며 학생부교과전형의 경우 70% 컷을 참조합니다.

KEY WORD | ▶입결 ▶학생부교과 ▶학생부종합 ▶정시

선행학습영향평가 | 대학별 고사를 보는 모든 대학은 매해 3월~5월에 각 대학별 고사에 대해서 고등학교 교육과정 범위 내 출제여부, 출제 범위, 근거, 문항, 해설 등을 담은 선행학습 영향평가서를 발표합니다. 논술이나 면접 문항에 대한 전년도 출제 방향과 기출문항을 알 수 있어 대학별 고사에 대한 정보를 얻을 수 있습니다. 수시전형을 고려하는 학생들은 반드시 읽어봐야 하는 자료입니다. 각 대학 입학처 홈페이지에서 볼 수 있습니다.

KEY WORD | ▶대학별고사 ▶기출문항

수능용어

원점수 | 학력평가나 수능 등 시험에서 학생이 맞춘 문항에 부여된 배점을 단순 합산한 점수를 원점수라고 합니다. 실제 평가에서는 자신의 위치를 알 수 없기에 원점수를 활용하지는 않습니다. 다만 고1,2학년의 경우 최상위권 학생들은 등급이나 백분위보다는 원점수 100점에 최대한 가깝게 도달하는 것을 목표로 해야 합니다.

KEY WORD | ▶맞은 점수

백분위 | 가령 자신의 백분위가 90%라면 자기보다 낮은 점수를

받은 학생들이 전체의 90%를 차지하고 있다고 보면 됩니다. 이와 반대로 100%에서 자신의 백분위 90%을 뺀 10%는 자신의 위치가 상위 10%에 해당됨을 의미합니다.

KEY WORD | ▶누적백분위 ▶평균백분위

표준점수 | 자신이 획득한 점수가 전체 응시학생들의 평균 점수로부터 얼마나 높고 낮은지를 보여주는 점수입니다. 해당 시험의 난이도에 따라 매번 표준점수가 달라지므로 다른 시험과의 비교는 어렵습니다. 보통 해당 시험이 어렵게 출제되면 모든 문제를 맞힌 만점 학생의 표준점수가 올라갑니다. 140 이상이 되면 그 시험은 상당히 어렵게 출제된 것으로 간주합니다. 반면에 130 이하면 평이하게 출제가 된 시험입니다.

KEY WORD | ▶표점 ▶변환표점

등급 | 표준점수를 비율로 나눠서 9등급으로 표기하여 나타내는 지표입니다. 2028대입에서는 수능은 내신과 달리 9등급으로 표기됩니다. 수능등급은 수시에서 수능최저로 사용됩니다,

누적백분위 | 전체 수험생 중 자신의 위치를 보여주는 지표입니다. 국어+수학+탐구 영역 평균 백분위가 95%라면 이 학생의 누적백분위는 5%가 됩니다. 보통 정시 지원 대학과 학과를 예측할 때 사용하지만 추정치에 해당한 자료이며, 대학별로 국수탐 반영

비율이 달라지므로 정확한 자료는 아닙니다.

KEY WORD | ▶평균백분위 ▶정시

변환표준점수 | 선택과목의 난이도에 따른 유불리 효과를 완화하기 위해서 원점수와 평균점수의 차이를 고려하여 백분위에 따른 표준점수를 대학이 부여하는 방식입니다. 주로 2028대입 이전 탐구 영역에서 부여했으며 통합형 수능인 2028대입에서는 사라질 것으로 예상됩니다.

KEY WORD | ▶변환표점

가중치 | 정시에서 수능 점수 반영 시 수능 영역별로 비율을 달리하여 부여하는 평가 방식을 말합니다. 자연계열이라면 수학과 과학탐구에 더 가중치를 주며, 인문계열이라면 국어에 더 가중치를 주게 됩니다. 대학과 계열, 학과별로 가중치가 다르기 때문에 정시 지원 시 이점을 고려해야 합니다.

KEY WORD | ▶정시 ▶수학/과학탐구 ▶사회탐구

가산점 | 2028대입 이전 수능에 선택과목이 있는 경우 해당 대학, 계열에 따라 특정 영역에 3~5%의 가산점을 주는 것을 말합니다. 자연계열의 경우 수학에서 미적분이나 기하선택 시, 탐구에서 과학탐구 선택 시, 인문계열의 경우 탐구에서 사회탐구 선택 시 3~5%의 가산점을 부여합니다. 선택과목이 없는 2028대입부터는

이러한 가산점 제도가 사라집니다.

KEY WORD | ▶정시 ▶미적분/기하/과학탐구 ▶사회탐구 ▶2027
대입까지

기타 입시 용어

입결 | 대학 합격생의 입시결과를 의미합니다. 어디 가나 각 대학교의 입학처 홈페이지에서 확인 가능합니다. 보통 50%/70% 컷을 공개합니다.

지거국 | 지방거점국립대를 의미합니다. 강원대, 경북대, 경상국립대, 부산대, 서울대, 전남대, 전북대, 제주대, 충남대, 충북대가 있습니다. 서울대도 국립대이지만 보통 이를 제외한 나머지 9개 국립대를 의미합니다.

실모 | 실전 모의고사를 의미합니다. 교육청과 평가원에서 출제하는 모의고사가 아닌 사설학원이나 기관에서 출제하는 사설 모의고사입니다. 학교에서는 공식적으로 사설 모의고사를 볼 수가 없습니다. 비슷한 말로 학평(학력평가), 모평(모의수능, 6모, 9모), 작수(작년 수능)이 있습니다.

수시납치 | 수시전형에 합격한 학생이 받은 수능 점수로 정시전

형에서 더 좋은 대학이나 학과에 합격할 수 있는 상황을 의미합니다. 즉, 자신의 수능 점수로 갈 수 있는 대학보다 하위 대학이나 학과를 수시로 합격하는 것을 말합니다.

칸수 | 모의 지원 서비스에서 합격·불합격을 예측하는 방식입니다. 7, 8칸의 높은 칸 수일 수록 높은 합격 가능성을 의미합니다. 보통 6칸을 최초 합격, 5칸을 추합, 4칸을 소신을 예측합니다. 칸수는 절대적인 것이 아니며 입력 시기에 따라 칸수가 변하기도 하므로 맹신하면 안 됩니다.

광탈 | 지원한 대학에서 예비 번호 없이 탈락하는 상황을 의미합니다. 빛의 속도로 탈락한다고 해서 빛 광(光)를 써서 광탈이라고 표현합니다.

문열다 | 내신에서는 해당 내신에서 1등을 하는 경우를 의미합니다. 즉, 1등급이 10등까지인데 자신이 11등인 경우 1등급을 맞지 못하고 2등급을 받는 경우를 나타냅니다.

문닫다 | 내신에서 해당 내신에서 마지막 등수를 차지하는 경우를 의미합니다. 즉, 1등급이 10등까지인데 자신이 10등인 경우 1등급의 문을 닫았다라고 말합니다. 또한 대학 입학 시 마지막 합격생이 '문을 닫고 들어왔다'라는 표현을 사용합니다.

우주상향 | 자신의 점수보다 훨씬 높은 대학을 지원하는 것을 의미합니다. 거의 합격보다는 기적을 기원하는 것이라고 생각됩니다.

빵꾸(펑크)나다) | 합격 예상 컷보다 입결이 대폭 내려가서 예상치 못한 낮은 점수로 합격 가능한 학과를 의미합니다.

독재 | 독학재수의 줄임말로, 학원의 도움 없이 인강이나 혼자 힘으로 재수를 하는 것을 말합니다.

점공 | 점수 공개의 줄임말로 합격 예측 프로그램에 자신의 점수를 입력하는 것을 말합니다.

고속/진낙 | 각각 '고속성장분석기'와 '진학사 합격예측 시스템'을 의미합니다. 둘 다 정시전형에서 활용하는 진학 프로그램입니다.

짜다/후하다 | 각각 합격 예측 시스템에서 합격 예상 커트라인을 빡빡하게 잡거나 넉넉하게 잡는 것을 의미합니다.

노베 | '노베이스'의 줄임말로 특정 과목에서 기초가 없다는 것을 의미합니다.

학과 탐색 보고서

학년 반 번 이름		
탐색 대학명		
탐색 학과명		
학과의 특징		
학과의 학년별 교과	1학년	
	2학년	
	3학년	
	4학년	
위 교과 중 가장 관심 있는 수업과 이유는?	교과명	
	이유	
졸업 후 진로		

독서 서평 양식

학번			이름	
책 정보	책 제목			
	저자명			
	책 내용 요약			
인상 깊었던 장면				
위 장면 선택 이유와 본인의 생각				
책 전체에 대한 본인의 생각				
책을 추천하는 이유				

논문 분석 보고서

반번호이름	반 번호 이름
분석논문명	
주제와 관련된 이전 연계활동	
분석 논문 내용 요약	
자신의 관심사와의 연계점	
배우고 느낀 점	
후속 활동	

발표(보고서) 초록(요약집)

	학번	이름
제목		
동기		
관련 단원/활동		
발표 (보고서) 요약		
한줄 요약		
후속 활동		

진로 탐색 보고서

학번	학년 반 번	이름	
제목	년 월 일 요일		

체험명	
주요 활동	구체적인 활동 내용:
소감	활동의 동기 (예: 평소~에 관심을 갖고 ~자료를 찾던 중 ~대해 더 자세히 알고 싶어 참여하게 되었음)
	활동을 통해 느낀점과 변화 (예: ~내용을 새롭게 알고 ~ 부분에 많은 흥미를 갖게됨.)
	진로와의 연관성(연관성이 있으면 기록) (예: ~를 듣고 ~~에 진로를 희망하는 자신의 모습을 발견하고 으로 그 내용을 구체화 할 수 있었음.)
활동 평가 (요약)	

탐구 포스터 양식

제목은 120 포인트

학번   이름

I. 서론

연구 배경

- 연구 동기
- 연구 목적

이론적 배경

-
-

II. 연구방법

연구 대상

-
-

자료수집 과정

-
-

자료분석

-
-

III. 연구결과

자료분석1

-
-

자료분석2

-
-

자료분석3

-
-
-
-
-
-

IV. 고찰

고찰

-
-

논의

-
-

V. 결론

결론 1

-
-

결론 2

-
-

V. 참고 문헌

-

중학생을 위한
대입준비 입시코칭

초판 1쇄 발행   2024년 08월 10일
초판 2쇄 발행   2024년 09월 20일

글쓴이   김상근

펴낸이   김왕기
편집부   원선화, 김한솔
디자인   푸른영토 디자인실

펴낸곳   **푸른e미디어**
            주소   경기도 고양시 일산동구 장항동 865 코오롱레이크폴리스1차 A동
908호.
            전화   (대표)031-925-2327   팩스 | 0504-424-0016
            등록번호   제2016-000060호.
            홈페이지   www.blueterritory.com
            전자우편   book@blueterritory.com

ISBN 979-11-88287-38-3   13370
ⓒ김상근, 2024

푸른e미디어는 푸른영토의 임프린트 입니다.